SOFORTHELFER ZIMMERPFLANZEN

FOLKO KULLMANN

KOSMOS

ALLE PFLANZEN AUF EINEN BLICK

WAS FINDE ICH WO?

KOSMOS SOFORTHELFER

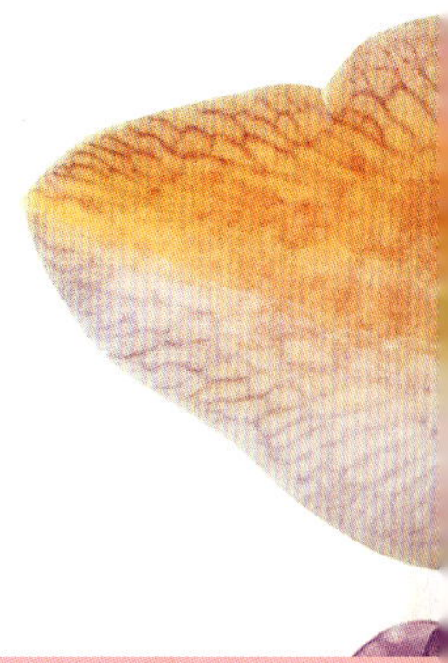

BASICS

DIE
25
SCHNELLSTEN
ANTWORTEN

BASICS

ZIMMERPFLANZEN SORGEN MIT ÜPPIGEM GRÜN, BUNTEN BLÜTEN UND IHREM OFT EXOTISCHEN AUSSEHEN FÜR EINE ANGENEHME WOHNATMOSPHÄRE. SIE UNTERSTREICHEN IHREN INDIVIDUELLEN WOHN- UND EINRICHTUNGSSTIL UND VERBESSERN GLEICHZEITIG DIE RAUMLUFT, INDEM SIE DIESE DURCH DIE VERDUNSTUNG ÜBER DIE BLÄTTER ANFEUCHTEN. MANCHE ARTEN SIND SOGAR IN DER LAGE, SCHADSTOFFE AUS DER LUFT AUFZUNEHMEN UND WIRKEN WIE EIN BIO-LUFTFILTER.

Unsere Zimmerpflanzen stammen fast alle aus wärmeren Regionen der Erde und sind optimal für die mehr oder weniger gleichbleibenden Bedingungen im Haus angepasst. Je nach Heimat bevorzugen sie eher schattige oder sonnige Plätze auf der Fensterbank. Manche brauchen viel Feuchtigkeit, anderen macht es nichts aus, tage- oder sogar wochenlang ohne Gießen auszukommen. So ist für jedes Fenster, jedes Zimmer und jeden Geschmack etwas dabei.

RICHTIG PFLEGEN

Das richtige Gießen ist kein Buch mit sieben Siegeln, sondern ein Kinderspiel, wenn man seine Pflanzen beobachtet und kennt. Zuerst müssen Sie wissen, ob Ihre Pflanze lieber feucht oder trocken steht. Prüfen Sie vor jedem Gießen mit dem Finger, ob die Erde noch feucht ist. Im Winter, wenn die Tage kürzer und kühler sind, muss meist weniger gegossen werden als im Sommer.
Vor allem Gewächse aus tropischen Regenwäldern lieben eine höhere Luftfeuchtigkeit. Diese erreicht man durch gelegentliches Übersprühen – oder noch besser, durch Aufstellen eines Luftbefeuchters.

DÜNGEN UND UMTOPFEN

Im Gartenfachhandel gibt es für jede Pflanze spezielle Dünger. Und wenn der Topf zu klein geworden ist, bzw. die Pflanze zu groß, wird einfach umgetopft.

AUSWÄHLEN & EINKAUFEN

WORAUF

MUSS ICH ACHTEN?

- Schädlinge oder Anzeichen von Krankheiten
- Keine Mitleidskäufe
- Pflegezustand
- Gelbe oder welke Knospen
- Wurzeln auf der Topfunterseite

Pflegezustand prüfen

- Durch Anheben des Topfes lässt sich feststellen, ob die Pflanze zu trocken steht, dann ist der Topf leicht, oder zu nass, dann ist der Topf sehr schwer. Kaufen Sie nicht an einem Samstagabend, denn dann werden die Pflanzen vor dem Wochenende stark gegossen und bekommen zu Hause leicht Wurzelfäule.

Schädlingskontrolle

- Im Gartencenter kommen viele Pflanzen unterschiedlichster Herkunft zusammen. Dazu sind sie vom Transport geschwächt und stehen im Verkauf nicht immer optimal. Schädlinge können sich leicht ausbreiten. Schauen Sie auch unter die Blätter und zwischen eng liegende Triebe.

Knospen kontrollieren

- Blütenknospen reagieren auf Zugluft und Temperaturschwankungen empfindlich und werden oft abgeworfen. Wenn Sie Blütenpflanzen kaufen, sollten die Knospen noch klein sein und fest sitzen. Dann blühen sie zu Hause sicher auf. Dieser Hibiskus ist schon verblüht und bildet erst in ein paar Wochen neue Knospen.

Wurzeln anschauen

- Schauen Sie sich die Wurzeln an. Gesunde Wurzeln sind hell oder weiß, faulige bräunlich. Aus den Abzugslöchern sollten keine dicken Wurzeln herausgewachsen sein, denn das ist ein Anzeichen, dass die Pflanze schon lange im Gartencenter steht. Zu Hause sollte in diesem Fall relativ bald umgetopft werden.

KOSMOS

SOFORTHELFER

Lassen Sie sich nicht vom ersten Eindruck täuschen und schauen Sie beim Kauf genau hin. Viele Schädlinge wie Schildläuse verstecken sich auf der Blattunterseite oder in den Blattachseln (das ist der Ansatz des Blattes am Trieb). Es lohnt sich also, auch einige Blätter umzudrehen, um versteckt sitzende Übeltäter zu entdecken.

ERSTE PFLEGE

WAS

BRAUCHE ICH?

- Gießkanne
- Untersetzer oder Übertopf
- Schere
- Sprühkanne

WORAUF

MUSS ICH ACHTEN?

- Folie und Deko entfernen.
- Pflegeansprüche beachten.
- Nicht sofort in die Sonne stellen.
- Vor dem Gießen Feuchtigkeit überprüfen.

Folie entfernen

- Zum leichteren Transport und zum Schutz empfindlicher Blüten werden viele Topfpflanzen in Folie verpackt angeboten. Entfernen Sie diese zu Hause sofort, damit sich die Pflanze entfalten kann und sich hinter der Folie durch stauende, feuchte Luft kein Schimmel bildet.

Etiketten lesen

- Auf den Etiketten stehen – oft mit Symbolen erklärt – die grundlegenden Ansprüche der jeweiligen Pflanze. Sie sind ein guter Hinweis für die erste Pflege, bis Sie die Pflanze bei der täglichen Pflege etwas besser kennengelernt haben, und „ein Gefühl dafür bekommen", wann z. B. gegossen werden muss.

KOSMOS

SOFORTHELFER

Auch wenn das Etikett als Standort „Sonne" oder „Südfenster" empfiehlt, sollten Sie frisch gekaufte Pflanzen nie direkt ans Fenster oder in die Sonne stellen. Sie sind durch Transport und das lange Stehen im Gartencenter oder Blumenladen direktes Sonnenlicht nicht mehr gewöhnt und können Sonnenbrand bekommen.

Fingerprobe

- Vor dem ersten Gießen unbedingt mit dem Finger prüfen, ob gegossen werden muss. Im Gartencenter werden die Pflanzen oft zu stark gegossen – besonders vor Wochenenden und Feiertagen.
- Damit es nicht zu Wurzelfäule kommt, erst gießen, wenn die Erde oberflächlich abgetrocknet ist.

Abstand zum Fenster

- Stellen Sie neue Pflanzen nicht sofort direkt ans Fenster. Durch Transport und die Zeit im Gartencenter sind sie keine direkte Sonneneinstrahlung gewöhnt und es kann leicht zu Verbrennungen kommen. Besonders bei Sichtschutzglas im Badezimmer wirkt die aufgewölbte Oberfläche wie ein Brennglas.

DER RICHTIGE STANDORT

WAS

BRAUCHE ICH?

- Luftbefeuchter
- Hygrometer
- Blumenspritze oder Sprühkanne

WORAUF

MUSS ICH ACHTEN?

- Ausreichend hellen Standort
- Heizung unter dem Fenster
- Beschattung des Fensters durch Nachbargebäude, Bäume oder Dachtraufen
- Isolierscheiben sind oft beschichtet und lassen weniger UV-Licht durch.
- Raumtemperatur

Südfenster

- Südfenster erhalten in der Regel von vormittags bis nachmittags viel Licht und in der Mittagszeit direkte Sonneneinstrahlung. Sie sind ideal für Pflanzen, die viel bis sehr viel Licht brauchen wie Sukkulenten und Kakteen. Achten Sie darauf, dass die Blätter nicht direkt an die Scheibe stoßen, da sie durch die stauende Wärme leicht vertrocknen.

West-, Ost- und Nordfenster

- Westfenster erhalten von Mittags bis in den Abend Sonne und sind ideal für fast alle Zimmerpflanzen.
- Ost- und Nordfenster sind unproblematischer, da die Morgensonne nicht so intensiv ist und an Nordfenstern ist die Einstrahlung ohnehin spärlicher.

KOSMOS

SOFORTHELFER

Je weiter man vom Fenster ins Innere des Zimmers geht, desto stärker nimmt die Lichtintensität ab. Schon 2 m hinter der Scheibe nimmt die Lichtintensität auf weniger als 10 % des Lichts direkt hinter dem Fenster ab. Für das menschliche Auge zwar nicht wahrnehmbar, für Pflanzen auf Dauer aber kein guter Standort.

Standort im Herbst und Winter

- Im Winter sind die Tage kürzer und damit die Lichtmenge, die den Pflanzen zur Photosynthese und zum Wachsen zur Verfügung steht. Weniger Wachstum bedeutet: Weniger gießen und weniger oder gar nicht düngen.
- Da die Sonne tiefer steht, treffen die Strahlen direkt auf die Scheibe und die Pflanzen – das erhöht die Gefahr von Sonnenbrand!

Vorsicht Heizungsluft

- Das größte Problem im Winter ist die trockene Heizungsluft. Vor allem bei Fensterbänken, die nicht sehr tief sind, steigt die warme, trockene Luft direkt zu den Pflanzen auf. Empfindliche Arten wie Farne, viele Blütenpflanzen und Orchideen bekommen trockene Blattränder. Legen Sie ein Brett auf die Fensterbank, damit die warme Luft in den Raum geleitet wird.

GRUNDAUSSTATTUNG ZUR PFLEGE

WAS
BRAUCHE ICH?

- Gießkanne
- Eimer
- Sprühkanne oder Blumenspritze
- Thermometer
- Hygrometer

WORAUF
MUSS ICH ACHTEN?

- Nur bei Bedarf gießen.
- Zu viel Wasser ist genauso abträglich wie zu wenig.
- Zu hohe oder niedrige Temperaturen führen zu Wachstumsstörungen.
- Trockene Luft ist der Feind fast aller Zimmerpflanzen.

Gießkanne

- Zum Gießen einiger weniger Topfpflanzen reicht eine kleine Kanne mit spitzer Tülle. Für größere Zimmerbäume ist eine Kanne mit größerem Volumen besser. Zum Tauchen braucht man einen Kunststoffeimer. Kannen aus Metall müssen innen lackiert sein, verzinkte Kannen rosten mit der Zeit und können Flecken auf der Fensterbank hinterlassen.

Sprühkanne

- Zum Besprühen, zur Erhöhung der Luftfeuchtigkeit, gibt es verschiedene Sprühkannen und Blumenspritzen. Drucksysteme sind besonders bequem, da man nicht permanent pumpen muss – das schont die Handgelenke.
- Die Luftfeuchtigkeit sollte 50–75 % betragen. Darunter ist es für Pflanzen zu trocken, darüber besteht in Wohnräumen die Gefahr von Schimmelbildung.

Thermometer und Hygrometer

- Direkt am Fenster ist es im Sommer oft viel wärmer und im Winter kälter als im Raum. Je höher die Temperatur, desto häufiger muss gegossen werden.
- Mit einem Haarhygrometer lässt sich die relative Luftfeuchtigkeit bestimmen. Zum Eichen das Hygrometer alle 6 Monate über Nacht in ein feuchtes Küchentuch wickeln und den Zeiger morgens auf 100 % stellen.

Stecklingsschere

- Eine Stecklingsschere ist zur Pflege von Zimmerpflanzen unentbehrlich. Mit der feinen Spitze können Sie trockene Blätter und Triebe sowie abgeblühte Stängel und welke Knospen entfernen.
- Für den Rückschnitt von strauchig wachsenden Pflanzen ist sie perfekt geeignet und handlicher als eine Gartenschere.

KOSMOS

SOFORTHELFER

Wenn Ihr Leitungswasser sehr hart ist, also viel Kalk und Magnesium enthält, sollten Sie es enthärten, damit es pflanzenverträglicher wird. Sehr einfach geht das mit einem Wasseraufbereiter für naturidentisches Schwarzwasser aus dem Aquaristikhandel. Er reichert das Wasser mit Huminsäuren an und wirkt gleichzeitig als milder Dünger.

TÖPFE & UNTERSETZER

WAS
BRAUCHE ICH?

- Kunststofftöpfe mit Abzugslöchern
- Tontöpfe mit Abzugsloch
- Übertöpfe
- Untersetzer

WORAUF
MUSS ICH ACHTEN?

- Farbe der Töpfe
- Anzahl und Größe der Wasserabzugslöcher
- Wasserdichte Untersetzer und Übertöpfe

Kunststofftöpfe

- Kunststofftöpfe eignen sich am besten, da sie leicht sind und man nicht so oft gießen muss, wie bei Tontöpfen. Durchsichtige Töpfe erleichtern die Kontrolle der Wurzeln und man erkennt schnell, wann gegossen werden muss. Dunkle Töpfe nicht in die Sonne stellen, sie heizen sich stark auf.

Tontöpfe

- Tontöpfe sehen schön aus, haben aber nur ein Wasserabzugsloch. Außerdem verdunstet durch die poröse Wand Feuchtigkeit, wodurch der Wurzelballen gekühlt wird. Manche Pflanzen wie Azaleen mögen das, andere wie Orchideen reagieren mit Fäulnis. Durch Düngesalze und Kalk entstehen schnell unschöne Ablagerungen.

KOSMOS

SOFORTHELFER

Übertöpfe aus Metall sind selten komplett wasserdicht und rosten an den Nahtstellen bzw. Schweißnähten schnell. Wenn der Topfboden feucht ist oder beim Gießen Wasser verschüttet wurde, können sich Rostringe auf der Fensterbank bilden, die vor allem aus Marmor oder anderen Steinarten nicht entfernt werden können.

Dränage

- Damit es nicht zu Staunässe und damit Wurzelfäulnis kommt, muss Gießwasser ablaufen können. Dazu sind genügend Abzugslöcher auf der Topfunterseite nötig. Statt wie oft empfohlen eine Dränageschicht aus Blähton unten **in** den Topf zu geben, ist es besser, die Pflanze im Übertopf **auf** eine Dränagelage zu stellen.

Untersetzer und Übertöpfe

- Damit überschüssiges Gießwasser nicht die Fensterbank oder den Boden verschmutzt, ist ein Untersetzer oder Übertopf unabdingbar. Am besten eignen sich glasierte Tonunterstzer oder solche aus Kunststoff. Metall- und unglasierte Tonuntersetzer sind nicht 100 % wasserdicht.

BLUMENERDE & PFLANZSUBSTRAT

WAS

BRAUCHE ICH?

- Zur Pflanzenart passende Blumenerde

WORAUF

MUSS ICH ACHTEN?

- Keine Billigerde kaufen.
- Hoher Anteil von Ton und Lavagrus bei Grünpflanzenerde.
- Für Blütenpflanzen eignet sich auch Balkonblumenerde.
- Für Orchideen grobes Rindensubstrat
- Für Kakteen am besten die Erde selbst mischen.

Grünpflanzen- oder Allrounderde

- Ideal für Palmen und Grünpflanzen. Für Farne eignet sich auch Moorbeet- oder Azaleenerde, da sie ein Substrat mit niedrigerem pH-Wert bevorzugen. Ebenfalls gut geeignet sind Kübelpflanzen- und Zitruspflanzenerde.

Orchideensubstrate

- Orchideen brauchen ein durchlässiges, luftiges Substrat. Daher besteht es nicht aus Torffasern, sondern aus groben Torfbrocken, Rindenstücken und weiteren Zuschlagstoffen wie Holzkohle und Kokos-Chips. Es sollte keine Styroporflocken enthalten, denn dann kann altes Substrat nicht kompostiert werden.

KOSMOS

SOFORTHELFER

Die Hydrokultur ist ein besonderes Kulturverfahren, bei dem die Pflanze nicht in Erde, sondern in einem Stützsubstrat aus Blähtonkügelchen wächst. Diese speichern keine Nährstoffe, daher müssen die Nährsalze mit dem Gießwasser durch Spezialdünger hinzugefügt werden.

Kakteen- & Sukkulentenerde

- Kakteen und Sukkulenten reagieren empfindlich auf Nässe und gedeihen in einem mineralischen Substrat aus grobem Sand, Lavagrus und Ton oder Lehm am besten. Handelsübliche Kakteenerde (oben im Bild) kann zu viel Torf enthalten und vernässen. Sie können die genannten Bestandteile in gleichen Teilen auch selbst mischen.

Seramis & Blähton

- Seramis (unten im Bild) besteht aus gebranntem Tongranulat und kann wie Blumenerde verwendet werden.
- Blähton (oben im Bild) ist für die Hydrokultur geeignet. Bei beiden Kulturverfahren muss mit speziellen Düngern und Töpfen (mit Wasser- bzw. Feuchtigkeitsanzeigern) gearbeitet werden.

RICHTIG GIESSEN & TAUCHEN

WAS
BRAUCHE ICH?

- Gießkanne
- Eimer aus Kunststoff

WORAUF
MUSS ICH ACHTEN?

- Rechtzeitig gießen und durchdringend gießen
- Am besten weiches (entkalktes) Wasser verwenden
- Nicht über die Blätter gießen
- Überschüssiges Wasser im Untersetzer oder Übertopf nach 10 min wegschütten.

Von unten Gießen

- Wasser auf den Blättern kann zu Flecken führen. Daher mit der Tülle der Gießkanne immer durch die Blätter direkt auf die Erdoberfläche gießen. Mit jedem Gießen so viel Wasser geben, bis die Feuchtigkeit unten aus dem Topf heraustritt. So reichern sich weder Dünger noch Kalk an.

Durchsichtige Töpfe

- Orchideen wachsen am besten in durchsichtigen Kunststofftöpfen. Aber auch für andere Pflanzen sind sie ideal, wenn man sie in einen Übertopf stellt (Wurzeln mögen kein Licht). Bei Orchideen erkennt man an grünen Wurzeln, dass sie noch feucht sind. Weiße, graue oder helle Wurzeln signalisieren Wasserbedarf.

Tauchen

- Tauchen ist bei Orchideen, Farnen, Bromelien, kleinen Grünpflanzen und auch Kakteen die beste Gießmethode. Dem Wasser kann man Flüssigdünger beimischen und überschüssige Feuchtigkeit tropft ab. So lange tauchen, bis keine Luftblasen mehr aufsteigen und nicht länger als 10 min im Wasser stehen lassen.

Gießkontrolle

- Stecken Sie vor jedem Gießen den Finger etwa 2 cm tief in die Erde. Fühlt sie sich kühl und feucht an, muss noch nicht gegossen werden. Trockene Erde fühlt sich staubig und warm an, höchste Zeit zum Gießen. Auch ein Klopfen am Topf oder leichtes Anheben gibt Aufschluss. Trockene Töpfe sind leicht und klingen hoch und hohl beim Anklopfen, nasse sind schwer und klingen dumpf.

RICHTIG DÜNGEN

WAS
BRAUCHE ICH?

- Düngergranulat oder Langzeitdünger
- Flüssigdünger

WORAUF
MUSS ICH ACHTEN?

- Frisch umgetopfte Pflanzen erst nach einigen Wochen düngen.
- Halten Sie sich exakt an die Dosierungsanleitung.
- Zu viel Dünger führt zu Wurzelschäden.
- Bei hartem Wasser den Dünger niedriger dosieren.

Feste Dünger zum Streuen

- Für Zimmerpflanzen gibt es Dünger in Granulat- und Pulverform sowie Langzeitdünger. Organische Dünger wirken langsamer als mineralische, da sie erst von den Mikroorganismen im Substrat aufgeschlossen werden müssen. Verwenden Sie nur Langzeitdünger mit einer Wirkungsdauer von 9 Monaten.

Reine Nährsalze und Flüssigdünger

- Reine Nährsalze in kristalliner Form müssen zum Düngen in Wasser aufgelöst werden. Mit ihnen lassen sich gezielt Nährstoffmangelsymptome beheben.
- Flüssigdünger wirken schnell und gezielt gegen Nährstoffmangel. Sie lassen sich einfach dosieren und mit dem Gieß- oder Tauchwasser verabreichen.

KOSMOS

SOFORTHELFER

Einer Überdüngung mit Flüssigdünger wird vorgebeugt, wenn Sie die Pflanzen mit dem ganzen Topf in einem Eimer mit Düngerlösung tauchen. So nimmt der Ballen genau die Menge an Nährstoffen auf, die optimal ist. Überschüssiger Dünger fließt ab und kann sich nicht im Wurzelballen ansammeln.

Dünger ausbringen

- Dünger in Granulatform lassen sich einfach mit dem beiliegenden Messbecher dosieren. Sie werden auf die Substratoberfläche gestreut und leicht eingearbeitet oder eingegossen.
- Langzeitdünger werden vor dem Umtopfen der neuen Erde beigemischt. Die Nährstoffe werden bei Wärme und Feuchtigkeit langsam ans Substrat abgegeben.

Flüssigdünger dosieren

- Halten Sie sich bei der Dosierung von Flüssigdüngern (und Düngersalzen, die dem Gießwasser beigemischt werden) exakt an die Anleitung auf der Verpackung. Zu hoch dosierte Dünger führen zu irreversiblen Wurzelschäden. Im Zweifelsfall die Dosierung verringern.

LUFTFEUCHTIGKEIT

WAS
BRAUCHE ICH?

- Sprühkanne und/oder Blumenspritze
- Schalen mit Blähton oder Kies
- Luftbefeuchter oder Luftwäscher

WORAUF
MUSS ICH ACHTEN?

- Kein kalkhaltiges Wasser zum Sprühen verwenden.
- Schalen mit Blähton alle 4 Wochen ausspülen bzw. durchwaschen.
- Wasser im Luftwäscher mit Hygienemittel gegen Bakterien versetzen.
- Wasser im Luftwäscher alle 10–14 Tage auswechseln und das Hygienemittel erneuern.
- Luftbefeuchter die nach dem Verdampfungsprinzip arbeiten, erhitzen das Wasser und geben es als Wasserdampf an die Umgebung ab. Der Nachteil ist, dass sie schnell verkalken und auch bei ausreichender Luftfeuchtigkeit Dampf abgegeben wird, der dann an Wänden und Fenstern kondensiert und eine Schimmelbildung fördert.

Sprühen

- Besprühen der Pflanze und der Umgebung erhöht kurzfristig die Luftfeuchtigkeit und wird von den meisten Pflanzen gut vertragen.
- Bromelien, Tillandsien und Orchideen nehmen auch über die Blätter bzw. Luftwurzeln Feuchtigkeit auf.
- Nur entkalktes (weiches) Wasser verwenden. Blüten nicht besprühen.

Schalen & Untersetzer

- Große flache Schalen auf der Fensterbank, die mit Blähton oder Kies gefüllt sind und auf die die Töpfe gestellt werden, sorgen für eine dauerhafte Erhöhung der Luftfeuchtigkeit um die Pflanzen herum.

KOSMOS

SOFORTHELFER

Ultraschallvernebler sorgen zwar mit ihren wabernden Schwaden für eine fast mystische Atmosphäre, da aber im Wasser gelöste Mineralien wie Kalk mit vernebelt werden, sieht die Umgebung schnell wie von weißem Puder überzogen aus. Außerdem siedeln sich im Vorratsbehälter Bakterien an, die in der Luft mit verteilt werden.

Luftbefeuchter

- Verdunster, die an Heizkörper gehängt werden, erhöhen die Luftfeuchtigkeit nur begrenzt.
- Sie müssen regelmäßig gereinigt werden, da sich in ihnen schnell Schimmelpilze ansiedeln.
- Fazit: Weniger gut geeignet.

Luftwäscher

- Diese Geräte arbeiten nach dem Kaltverdunstungsprinzip. Dabei wird die Luft im Zimmer von Staub gereinigt und mit Feuchtigkeit angereichert. Es wird aber nicht mehr Feuchtigkeit abgegeben, als die Umgebungsluft aufnehmen kann. Die Geräte sind sehr leise und brauchen viel weniger Strom als Verdampfer.
- Fazit: Sehr gut geeignet.

PFLEGEFEHLER

WORAUF
MUSS ICH ACHTEN?

- Trockene Luft, vor allem im Winter
- Blätter, die an der Scheibe „kleben"
- Dränage beim Gießen
- Auf die Temperatur im Winter

Trockene Blattränder

- Symptom: Die Blattränder und -spitzen werden braun und trocknen ein.
- Ursache: Trockene Luft.
- Abhilfe: Sehr stark beschädigte Blätter entfernen. Luftfeuchtigkeit erhöhen.

Staunässe

- Symptom: Die Blätter trocknen komplett ein (ohne braunen Rand) oder welken, obwohl die Erde feucht ist.
- Ursache: Durch Staunässe sind die Wurzeln abgefault und können keine Feuchtigkeit mehr aufnehmen.
- Abhilfe: Pflanze austopfen und in frische Erde pflanzen, wenn es noch lebende Wurzeln gibt. Riecht der Ballen faulig, ist die Pflanze nicht mehr zu retten.

Sonnenbrand

- Symptom: Anfangs helle oder rötliche, später braune bis schwarze Flecken und Streifen auf den Blättern.
- Ursache: Verbrennungen und Hitzeschäden durch zu starke, direkte Sonneneinstrahlung oder Brennglaseffekt bei gekörnten Scheiben.
- Abhilfe: Pflanze weiter weg vom Fenster oder an einen anderen Standort platzieren. Stark geschädigte Blätter entfernen.

Vergeilen

- Symptom: Triebe und Abstand zwischen den Blättern unnatürlich lang. Weiche Triebe und helle Blätter.
- Ursache: Zu wenig Licht und zu viel Wärme.
- Abhilfe: Pflanze heller stellen. Bei Zimmersträuchern lange Triebe wegschneiden.

URLAUBSPFLEGE

WAS
BRAUCHE ICH?

- Wasserspeicher wie Tonkegel
- Schale mit Tongranulat
- Schüssel
- Dochte

WORAUF
MUSS ICH ACHTEN?

- Nicht zu stark auf Vorrat gießen.
- Automatische Bewässerungssysteme nur in der Badewanne oder auf der Terrasse verwenden.

Tonkegel und Glasballons

- Wenn Sie nur ein paar Tage wegfahren, reicht es völlig aus, kleine Glasballons oder Tonkegel die mit Wasser gefüllt werden in die Töpfe zu stecken. Durch die kleine Öffnung sickert das Wasser ganz langsam in die Erde und hält den Wurzelballen feucht, ohne dass er zu nass wird.

Kunststofflaschen

- Alternativ können Sie auch umgedrehte PET-Flaschen in die Erde stecken. Bohren Sie dazu ein oder zwei kleine Löcher in den Deckel, füllen Sie die Flasche dann mit Wasser. Zuschrauben und ins Substrat stecken.
- Am besten vorher einmal ausprobieren, damit Sie abschätzen können, wie lange der Vorrat hält.

KOSMOS

SOFORTHELFER

Wenn Sie das Glück haben, dass sich Freunde oder Nachbarn um Ihre Pflanzen kümmern, sollten Sie ihnen eine detaillierte Checkliste und Anleitung schreiben. Am einfachsten geht das mit kurzen, knappen Hinweisen wie „erst gießen, wenn die Erde 2 cm angetrocknet ist" auf Post-its, die auf die einzelnen Töpfe geklebt werden. So können auch speziellere Bedürfnisse der Pflanzen erfüllt werden.

Bewässerungssysteme

- Im Gartenfachhandel gibt es spezielle Urlaubsbewässerungssysteme. Über Dochte oder kleine Schläuche wird das Wasser aus einer Vorratsflasche in einen Tonkegel geleitet, der die Feuchtigkeit nach Bedarf an die Blumenerde und somit die Pflanzenwurzeln abgibt. Auch hier gilt: Ein Probelauf erspart unschöne Überraschungen.

Vom Fenster wegstellen

- Eine durchdringende, vorsorgliche Wassergabe reicht für viele Pflanzen durchaus 10–14 Tage aus. Wenn Sie die Töpfe dann noch etwas vom Fenster wegstellen, sodass die Pflanzen weniger Licht bekommen, verbrauchen sie noch weniger Wasser. Ideal ist z. B. ein Tisch in der Mitte eines hellen Zimmers.

BLÜTENPFLANZEN

DIE 12 SCHNELLSTEN ANTWORTEN

BLÜTENPFLANZEN

BLÜHENDE ZIMMERPFLANZEN BRINGEN FARBE UND MANCHMAL SOGAR BETÖRENDE DÜFTE IN DEN RAUM. ANDERE LENKEN DEN BLICK WENIGER AUF IHRE BLÜTEN ALS AUF IHREN ÜPPIGEN FRUCHTSCHMUCK MIT KLEINEN BEEREN, KAPSELN ODER FRÜCHTEN. WÄHREND MANCHE NUR ZU BESTIMMTEN JAHRESZEITEN BLÜHEN UND FRUCHTEN, ERFREUEN ANDERE FAST DAS GANZE JAHR OHNE PAUSE.

BLÜTENSCHMUCKPFLANZEN

Unter den blühenden Zimmerpflanzen befinden sich einige echte Exoten, die ganz besondere Ansprüche haben wie Medinille, Jacobinie und Safranwurz. Dann gibt es aber auch „Grenzgänger", also Pflanzen, die eigentlich keine reinen Zimmerpflanzen sind. Sie blühen aber so prächtig, dass man auf sie keinesfalls verzichten sollte. Zu ihnen gehören Begonien, Azaleen und Alpenveilchen.

Etliche Blütenschmuckpflanzen wie die Medinille warten nach der Blüte auch noch mit attraktiven Früchten und Beeren auf.

MANCHE BRAUCHEN EINE RUHEPAUSE

Typisch für viele blühende Pflanzen ist, dass sie, im Gegensatz zu reinen Blattpflanzen, einen ausgeprägten Wachstumsrhythmus haben, also Phasen, in denen Triebe wachsen, dann Blüten und ggf. später Früchte gebildet werden. Manche legen danach sogar eine richtige Winterruhe ein, in der sie kühler und trockener stehen müssen.

Grenzgänger wie Hortensien, Azaleen und Begonien holt man am besten nur zur Blüte ins Zimmer und pflegt sie sonst im Wintergarten, auf der Terrasse oder im Garten.

Standortangaben bei den Porträts ab S. 42: ○ hell, sonnig ◑ halbschattig ● schattig

GIESSEN & DÜNGEN

WAS
BRAUCHE ICH?

- Gießkanne
- Eimer zum Tauchen
- Flüssigdünger oder
- Feste Dünger
- Messbecher oder Messlöffel

WORAUF
MUSS ICH ACHTEN?

- Erst nach Feuchtigkeitsprobe gießen.
- Nicht auf behaarte Blätter sprühen.
- Blüten nicht benetzen.
- Nicht über die Blätter gießen.
- Dünger genau nach Anleitung dosieren.

Gießen und Tauchen

- Gießen Sie immer direkt an bzw. auf den Wurzelballen. So kann das Wasser von oben nach unten durchsickern. In den Untersetzer zu gießen hat den Nachteil, dass sich überschüssige Nährsalze anreichern können. Beim Tauchen des Topfes wird Kalk und Dünger ausgewaschen, und der Ballen am gründlichsten benetzt.

Sprühen

- Zur Erhöhung der Luftfeuchtigkeit sind viele Pflanzen für regelmäßiges Übersprühen dankbar. Sparen Sie dabei unbedingt die Blüten aus, denn durch Spritzwasser entstehen schnell dunkle Flecken auf den Blütenblättern. Alternativ einen Luftbefeuchter aufstellen.

KOSMOS

SOFORTHELFER

Zur Blüten- und Fruchtbildung sind die Nährstoffe Kalium und Phosphor wichtig. Düngen Sie also mit speziellen Blütendüngern. Blattpflanzendünger enthalten mehr Stickstoff, der das Blatt- und Triebwachstum fördert. Eine stickstoffbetonte Düngung kann also die Blütenbildung verhindern.

Langzeitdünger

- Wenn Sie beim Umtopfen im Frühling der frischen Erde einen Langzeitdünger (6–9 Monate) beimischen, brauchen Sie nur düngen, wenn die Pflanze Mangelsymptome zeigt. Bei Langzeitdünger werden die Nährstoffe nur freigegeben, wenn das Substrat feucht und warm ist, also nur, wenn die Pflanze die Nährstoffe braucht.

Flüssigdünger

- Die genaueste Dosierung der Nährstoffe ist mit Flüssigdünger möglich. Mischen Sie ihn genau nach Anleitung. Statt wie oft empfohlen alle 14 Tage zu düngen, ist es besser, die Düngerlösung jede Woche, dann aber mit der halben Konzentration zu gießen.

UMTOPFEN

WAS
BRAUCHE ICH?

- Neuen Topf, etwas größer als der alte
- Frische Blumenerde für Blütenpflanzen
- Bei empfindlicher Haut Latexhandschuhe
- Kurzen, dicken Holzstab
- Gartenschere
- Gießkanne

WORAUF
MUSS ICH ACHTEN?

- Der neue Topf darf nicht zu groß sein.
- Wurzeln, die im Topfinnern im Kreis gewachsen sind (Ringwurzeln) vorsichtig auseinanderlösen und lange Wurzeln mit der Schere abschneiden.
- An den Schnittstellen bilden sich schnell neue Verzweigungen mit feinen Wurzeln.
- Bei starkem Wurzelschnitt auch die Triebe einkürzen.
- Bei Pflanzen mit giftigem Pflanzensaft Latexhandschuhe tragen.

Der neue Topf

- Der neue Topf sollte nur etwas größer sein als der alte, 2–3 cm mehr Durchmesser sind ausreichend. Bei großen Töpfen wachsen die Wurzeln alle zum Rand bzw. zur Topfinnenwand, im Innern des Ballens kommt es dann manchmal zu Fäulnis, da die Feuchtigkeit dort zu lange ungenutzt im Substrat bleibt.

Austopfen

- Durch ein behutsames Zusammendrücken der Topfwände löst sich der Wurzelballen von der Topfinnenwand. Bei Tontöpfen den Topf vorsichtig auf die Unterlage aufschlagen. Dann den Topf vom Ballen abziehen.

KOSMOS

SOFORTHELFER

Viele Pflanzen blühen nach einer winterlichen Ruhephase. Diese kann man nutzen, um die Blütenbildung zu fördern. Stellen Sie die Pflanzen einige Wochen etwas kühler, halten Sie sich mit dem Gießen und Düngen zurück und holen Sie sie dann an ihren angestammten Platz zurück. Wärme, Licht und eine phosphatbetonte Düngung regen die Blütenbildung an.

Eintopfen

- Etwas frische Erde in den neuen Topf einfüllen und dann den Wurzelballen hineinstellen. Dieser sollte im neuen Topf so hoch stehen wie im alten. Nach und nach die frische Erde einfüllen.
- Ein Gießrand erlaubt das Bewässern, ohne dass das Wasser überläuft.

Andrücken & angießen

- Die Erde zwischen Topfwand und Ballen gut andrücken. Bei hohen Töpfen in mehreren Lagen einfüllen, es dürfen keine Hohlräume offen bleiben.
- Zum Schluss durchdringend angießen und die ersten Tage etwas geschützter aufstellen – also noch nicht gleich in die volle Sonne.

RÜCKSCHNITT

WAS
BRAUCHE ICH?

- Gartenschere
- Stecklingsschere

WORAUF
MUSS ICH ACHTEN?

- Immer über einem Auge/einer Knospe schneiden.
- Frühjahrsblüher immer nach der Blüte schneiden.
- Sommer- und Herbstblüher im Frühling schneiden.

Über der Knospe schneiden

- Damit keine langen kahlen Zweigreste stehen bleiben, wird immer knapp (ca. 5 mm) über einer Knospe (Auge) geschnitten. Wird zu dicht am Auge geschnitten, kann es passieren, dass dieses eintrocknet. Bleibt zu viel stehen, trocknet der Trieb ein und die Wunde kann nicht richtig verheilen.

Das Wachstum steuern

- Durch den Schnitt kann man das Wachstum lenken. Starker Rückschnitt hat einen kräftigen Austrieb zur Folge, knipst man nur die äußeren Triebenden ab, wird das Wachstum eher gebremst. Es treiben immer die oberen Knospen am Triebende aus, diese sollten nach außen zeigen, damit die Pflanze nicht zu dicht wird.

KOSMOS
SOFORTHELFER
Beim Zurückschneiden strauchig wachsender Zimmerpflanzen muss man wie bei Blütensträuchern im Garten die Blütenknospenbildung beachten. Pflanzen wie die Columnee (Rachenrebe) sollten nur direkt nach der Blüte zurückgeschnitten werden, damit sie genug Zeit haben, an den neuen Trieben frische Blüten anzusetzen.

Hibiskus schneiden

- Hibiskus lässt sich problemlos zurückschneiden.
- Er gehört zu den Zimmersträuchern, die auch noch aus alten Trieben austreiben, da sich unter der Rinde ruhende Knospen befinden.
- Die abgeschnittenen Triebe können als Stecklinge zur Anzucht neuer Exemplare verwendet werden.

Radikaler Rückschnitt im Herbst

- Viele Blütenpflanzen sind im Winter kein besonders schöner Anblick und können kräftig gestutzt werden.
- Ein weiterer Vorteil ist der geringere Platzbedarf im Winterquartier.
- Im Frühling treibt die Pflanze mit vielen kräftigen Trieben aus und blüht üppig, wenn sie eine kleine Startdüngung bekommt.

VERMEHRUNG

WAS
BRAUCHE ICH?

- Stecklingsschere
- Anzuchtschale oder kleine Töpfchen
- Sand oder Vermehrungserde
- Plastikhaube oder Kunststofffolie

WORAUF
MUSS ICH ACHTEN?

- Nur Stecklinge von nichtblühenden Trieben schneiden.
- Die beste Zeit ist von Anfang Mai bis Juli.

Kopf- und Triebstecklinge schneiden

- Als Kopf- und Triebstecklinge werden junge Triebe und Triebspitzen bezeichnet, die im unteren Bereich schon leicht verholzt bzw. ausgereift sein sollten.
- Triebe mit Blütenknospen sind nicht geeignet.

Stecken

- Die Stecklinge werden in feuchte Erde gesteckt und in einem Mini-Gewächshaus für die Fensterbank aufgestellt. Alternativ können Sie eine durchsichtige Plastiktüte über die Töpfe stülpen, damit die Luft schön feucht und warm bleibt.
- Die Stecklinge bewurzeln an einem hellen und warmen Standort in wenigen Wochen.

Blattstecklinge

- Usambaraveilchen können über Blattstecklinge vermehrt werden. Schneiden Sie die äußeren Blätter mit einem etwa 2–3 cm langen Stück Stiel an der Basis ab. Die Blätter schräg bis zum Blattansatz in das Vermehrungssubstrat stecken. Damit der Blattstiel nicht knickt, mit einem Pikierstab oder Bleistift ein Loch vorbohren.

Blattteilstecklinge

- Drehfucht und Sansevieria lassen sich durch in Streifen geschnittene Blätter vermehren.
- Die Blattstücke werden zur Hälfte in Aussaaterde gesteckt und mit durchsichtiger Folie abgedeckt.
- An der Blattrippe erscheint nach ein paar Wochen eine neue kleine Pflanze.

KOSMOS

SOFORTHELFER

Verwenden Sie keine Triebspitzen mit Blütenknospen oder -ansätzen zur Stecklingsvermehrung. Sie sind auf „Blühen" programmiert und bewurzeln nur schlecht, wenn überhaupt. Schneiden Sie nur Triebe, an deren Spitze sich Blättchen befinden.

SPEZIELLE PROBLEME

WAS
BRAUCHE ICH?

- Lupe
- Sprühkanne oder Blumenspritze
- Gelbtafeln zum Stecken

WORAUF
MUSS ICH ACHTEN?

- Regelmäßig kontrollieren, damit Probleme rechtzeitig erkannt werden.
- Vor dem Einsatz von Pflanzenschutzmitteln die Giftigkeit abwägen: Manchmal ist es besser, eine Pflanze wegzuwerfen, als den Wohnraum mit Pflanzenschutzmitteln zu belasten.

Blattläuse

- Besonders im Sommer können auch im Zimmer Blattläuse auftreten. Sie saugen besonders an zarten Triebspitzen und Blütenknospen.
- Dadurch kann es zu Wachstumsstörungen kommen oder zu Knospenfall.
- Abhilfe: In der Dusche mit warmem Wasser abspülen oder systemische (von innen wirkende) Mittel gießen.

Spinnmilben

- Im Winter, wenn durch das Heizen die Luft im Zimmer trocken wird und die Temperaturen über 20 °C liegen, siedeln sich Spinnmilben an. Diese kleinen roten Milben saugen an den Triebspitzen und umgeben diese mit feinen Gespinsten.
- Abhilfe: Stark befallene Triebe abschneiden, Pflanzen abduschen, Luftfeuchtigkeit erhöhen.

Trauermücken

- Bei den kleinen schwarzen Insekten, die aus der Erde aufschwärmen, wenn man an die Töpfe stößt, handelt es sich um Trauermücken. Sie legen ihre Eier in nasse oder zu feuchte Erde, die Larven fressen an den Wurzeln.
- Abhilfe: Vorbeugend trockener halten und Gelbtafeln zum Abfangen der erwachsenen Mücken aufstellen.

Schild und Wollläuse

- An Blättern, Trieben und in den Blattachseln siedeln sich vor allem im Winter Schildläuse und Wollläuse an. Sie sind schwer zu bekämpfen.
- Abhilfe: Am besten helfen systemische (von innen) wirkende Pflanzenschutzmittel oder eine Spritzung mit Neem-Öl und Mineralöl-Präparaten.

KOSMOS

SOFORTHELFER

Welke Blüten verströmen das Reifegas Äthylen, das die benachbarten, noch frischen Knospen schneller welken lässt. Entfernen Sie daher nicht nur aus optischen Gründen schlappe Blüten. Außerdem wird durch das Ausputzen die Bildung neuer Blütenknospen angeregt und die Blütezeit verlängert.

DIE SCHÖNSTEN ARTEN & SORTEN

Schönmalve

(Abutilon-Arten) ○

Aussehen

- Blätter hellgrün, Blüten weiß, gelb, orange, rot oder rosa. Blüht von März bis Oktober.

Pflege

- Nicht austrocknen lassen, im Sommer alle 2 Wochen düngen. Waagerecht abstehende Blätter sind ein Zeichen richtiger Düngung.

Tipp

- Auch Zimmerahorn genannt. Auf Blattläuse und Weiße Fliege (siehe S. 85) achten.

Kängurupfote

(Anigozanthos-Arten) ○

Aussehen

- Blätter grasartig, Blütenstand behaart, rötlich-gelb.

Pflege

- Verträgt auch volle Sonne, im Winter trockener halten. Empfindlich gegen Staunässe.

Tipp

- Beim Umtopfen teilen. Steht die Pflanze zu dunkel, wird der Wuchs sparrig und die Blüte bleibt aus. Auf Spinnmilben achten.

Flamingoblume

(Anthurium-Arten) ○–◑

Aussehen

- Blätter groß, verkehrt herzförmig. Blütenkolben mit weißem, cremefarbenem, rosa oder rot glänzendem Hochblatt.

Pflege

- Nicht unter 18 °C halten, verträgt keine kalten Füße und Staunässe.

Tipp

- Auch Schwefel- oder Schleifenblume genannt. Auf Schildläuse achten. Giftig.

Glanzkölbchen

(Aphelandra squarrosa) ○

Aussehen
- Blätter dunkelgrün mit weißer Äderung. Blüten mit gelben Hochblättern.

Pflege
- Keine direkte Sonne, im Winter kühler halten (bei 10 °C), das fördert die Blütenbildung.

Tipp
- Kalte Zugluft und Staunässe vermeiden, dies führt zum Abwurf der Blätter.

Begonie

(Begonia-Elatior-Gruppe) ○–◑

Aussehen
- Wuchs kompakt. Triebe dickfleischig, Blüte gelb, weiß, rosa, rot oder orange. Blüht das ganze Jahr.

Pflege
- Keine direkte Sonne, nicht unter 20 °C halten. Darf nicht austrocknen, bei nasser Erde faulen die weichen Triebe.

Tipp
- Auf Grauschimmel (siehe S. 112), und Blattläuse achten. Vermehrung durch Kopfstecklinge möglich.

Losbaum

(Clerodendron-Arten) ○

Aussehen
- Großer Zimmerstrauch mit roten Blüten, die von weißen Hochblättern umgeben sind.

Pflege
- Braucht hohe Luftfeuchtigkeit, im Winter kühler halten, die Blätter werden dann abgeworfen. Rückschnitt im Frühjahr.

Tipp
- Auf Weiße Fliege und Blattläuse achten. Durch Stecklinge vermehrbar.

DIE SCHÖNSTEN ARTEN & SORTEN

Klivie

(Clivia miniata) ○–◑

Aussehen
- Blätter riemenförmig, dunkelgrün. Blüten orange oder gelb, in Büscheln.

Pflege
- Im Sommer warm stellen, regelmäßig gießen. Von Oktober bis Januar kühler halten und nicht gießen, sonst bleibt die Blüte aus. Erst nach der Blüte düngen.

Tipp
- Auch Riemenblatt genannt. Auf Woll- und Schildläuse achten. Giftig.

Columnee

(Columnea-Arten) ○–◑

Aussehen
- Ampelpflanze mit hängenden Trieben und grünen oder weißlich-gelb gemusterten Blättern und Blüten in Gelb, Rot oder Orange.

Pflege
- Keine pralle Sonne, im Sommer warm, im Winter kühler aufstellen. Verträgt kein kalkhaltiges Wasser. Rückschnitt nach der Blüte.

Tipp
- Bei Zugluft fallen die Blätter ab.

Crossandra

(Crossandra infundibuliformis) ○–◑

Aussehen
- Blätter glänzend dunkelgrün, Blüten in Büscheln, gelb oder orange.

Pflege
- Braucht viel Wärme und eine hohe Luftfeuchtigkeit, nicht unter 18 °C aufstellen. Bei Staunässe faulen die Wurzeln schnell.

Tipp
- Bei trockener Luft rollen sich die Blätter ein und die Blüte bleibt aus. Auf Spinnmilben achten. Auch Tapirblume oder Fransenbeutel genannt.

Safranwurz

(Curcuma zedoaria) ○–◑

Aussehen

- Blätter länglich zugespitzt, Blüten unscheinbar, Hochblätter auffällig weiß, rosa oder pink, an langen Stielen. Blütezeit Juni bis September.

Pflege

- Keine pralle Sonne, hohe Luftfeuchtigkeit und viel Wärme, nicht unter 20 °C halten. Blätter welken nach der Blüte, dann bis Februar dunkel und trocken halten.

Tipp

- Auf Spinnmilben achten. Rhizome können während der Ruhephase geteilt werden.

Alpenveilchen

(Cyclamen persicum) ○–◑

Aussehen

- Blätter herzförmig, oft silbrig geädert oder gezeichnet. Blüten weiß, rosa, rot oder mehrfarbig.

Pflege

- Keine pralle Sonne. Eher kühler aufstellen. Nach der Blüte trocken halten, 6–8 Wochen nicht oder nur wenig gießen. Anschließend die Knolle umtopfen.

Tipp

- Empfindlich gegen Grauschimmel und Spinnmilben.

Weihnachtsstern

(Euphorbia pulcherrima) ○

Aussehen

- Großer Blütenstrauch mit grünem Laub und z. B. weißen, cremefarbenen oder roten Hochblättern. Wird über 2 m hoch.

Pflege

- Nicht austrocknen lassen. Während der Blüte um 20 °C, sonst kühler stellen. Blüten werden nur angesetzt, wenn die Pflanze 8 Wochen lang weniger als 10 Stunden Licht erhält.

Tipp

- Der Milchsaft neuerer Sorten ist nicht so giftig wie oft angegeben. Trotzdem Hautkontakt vermeiden.

DIE SCHÖNSTEN ARTEN & SORTEN

Roseneibisch

(Hibiscus rosa-sinensis) ○

Aussehen

- Zimmerstrauch mit riesigen Blüten in fast allen Farben außer reinem Blau.

Pflege

- Hell, auch volle Sonne. Blüht bei Temperaturen über 15 °C ununterbrochen. Durch Rückschnitt in Form halten, dadurch wird der Wuchs buschiger und es werden mehr Blüten angesetzt.

Tipp

- Auf Spinnmilben achten. Kopfstecklinge, im Frühjahr geschnitten, bewurzeln leicht.

Ritterstern

(Hippeastrum-Cultivars) ○–◑

Aussehen

- Zwiebelblume mit langen Riemenblättern und weißen, roten, rosa oder mehrfarbigen Blüten in Büscheln.

Pflege

- Zwiebeln im Herbst eintopfen. Sobald sich der Blütentrieb zeigt, vorsichtig gießen. Nach dem Abblühen wärmer stellen, von August bis Dezember nicht gießen.

Tipp

- Bei Befall mit Rotem Brenner (Pilzkrankheit, rote Streifen auf den Blättern) die Pflanze wegwerfen.

Wachsblume

(Hoya-Arten) ○

Aussehen

- Kletter- oder Ampelpflanze mit wachsartigen, festen Blättern und rosa Blütendolden. Die schlingenden Triebe werden mehrere Meter lang.

Pflege

- Hell, empfindlich bei praller Sonne. Gleichmäßig feucht, aber nicht zu nass halten. Geringer Nährstoffbedarf, von Oktober bis Februar nicht düngen.

Tipp

- Welke Blütendolden entfernen, das regt die Neubildung an. Auf Schild- und Wollläuse achten.

Ixore

(Ixora coccinea) ○

Aussehen

- Kompakter Zimmerstrauch mit gelben, rosa, orangefarbenen oder roten Sternblüten.

Pflege

- Anspruchsvoll. Nicht zu nass halten, aber auch nie austrocknen lassen. Keine pralle Sonne. Im Winter kühler bei 15 °C. Durch Rückschnitt nach der Blüte kompakt halten. Nur mit kalkarmem Wasser gießen.

Tipp

- Standortwechsel lässt die Knospen fallen.

Jakobinie

(Justicia carnea) ○

Aussehen

- Blätter dunkelgrün, Röhrenblüten gelb, orange oder rosa, von April bis September. Wird bis 80 cm hoch.

Pflege

- Anspruchsvoll. Keine pralle Sonne, hohe Luftfeuchtigkeit, im Winter kühler bei 16–18 °C halten. Bei trockener Luft werden Blätter und Blüten abgeworfen.

Tipp

- Auf Spinnmilben und Weiße Fliege achten.

Medinille

(Medinilla magnifica) ○

Aussehen

- Exotische Blatt- und Blütenpflanze mit überhängenden Blütentrieben. Die kleinen rosa Blütenrispen sind von riesigen Hochblättern umgeben. Blütezeit März bis Juli.

Pflege

- Keine pralle Mittagssonne. Hohe Luftfeuchtigkeit, im Winter kühler. Regelmäßig gießen und düngen, weiches Gießwasser verwenden. Am besten in Azaleenerde topfen.

Tipp

- Bei trockener Luft Blattverkrüppelungen. Auf Spinnmilben achten.

DIE SCHÖNSTEN ARTEN & SORTEN

Goldähre

(Pachystachys lutea) ○–◑

Aussehen

- Aufrecht wachsender Zierstrauch mit dunkelgrünen Blättern und langen Blütenähren. Blüten von März bis Oktober, weiß, Hochblätter gelb.

Pflege

- Keine pralle Sonne, hohe Luftfeuchtigkeit. Im Winter etwas kühler, aber nicht unter 18 °C halten. Rückschnitt nach der Blüte im Oktober.

Tipp

- Auch Dichtähre oder Gelbe Dickähre genannt. Bei Trockenheit werden Blätter und Blüten abgeworfen.

Azalee

(Rhododendron-simsii-Cultivars) ○–◑

Aussehen

- Kompakter Strauch mit dunkelgrünen Blättern und einfachen oder gefüllten Blüten in allen Farben außer Blau. Blüht von Oktober bis in den April.

Pflege

- Anspruchsvoll, da empfindlich gegen hohe Temperaturen und trockene Luft. Kein kalkhaltiges Gießwasser verwenden. Am besten im Freien pflegen und nur zur Blüte ins kühle Zimmer holen.

Tipp

- Auf Spinnmilben achten. Staunässe und Trockenheit vermeiden.

Usambaraveilchen

(Saintpaulia-Cultivars) ○–◑

Aussehen

- Blätter samtig behaart, Blüten weiß, rosa, pink oder violett. Auch mehrfarbig, einfach oder gefüllt.

Pflege

- Niemals in die pralle Sonne stellen und nicht über die Blätter gießen. Weiches Gießwasser verwenden. Nicht unter 20 °C aufstellen.

Tipp

- Vorsichtig gießen, keine Staunässe. Welke Blätter entfernen.

Kranzschlinge

(Stephanotis floribunda) ○–◑

Aussehen
- Kletterpflanze mit dunkelgrünen, glänzenden Blättern und duftenden, weißen Blüten, die von Mai bis September erscheinen.

Pflege
- Liebt hohe Luftfeuchtigkeit, im Sommer warm, im Winter kühler bei 15 °C halten. Im Frühling zurückschneiden, Triebstecklinge mit einem Blattpaar bewurzeln leicht.

Tipp
- Auf Spinnmilben, Schild- und Wollläuse achten.

Drehfrucht

(Streptocarpus-Arten) ○–◑

Aussehen
- Blüten erinnern an Orchideen, in Weiß, Blau, Rosa, Pink, Violett, auch mehrfarbig. Die spiralförmigen gedrehten Samenkapseln verspritzen die Samen bei Berührung.

Pflege
- Keine pralle Sonne. Zum Gießen weiches Wasser verwenden, zurückhaltend düngen. Im Winter kühler halten und weniger gießen, aber nicht austrocknen lassen.

Tipp
- Kann durch Blattstecklinge vermehrt werden. Auf Thripse achten.

Zimmerkalle

(Zantedeschia aethiopica) ○–●

Aussehen
- Blätter dunkelgrün, bei manchen Sorten gefleckt. Blütenkolben unscheinbar, Hochblatt weiß, gelb, rosa, orange, violett oder purpurfarben.

Pflege
- Nach der Blüte im Juni/Juli ab August/September austrocknen lassen und nicht mehr gießen. Rhizom kühl und trocken überwintern, ab Januar wieder mit dem Wässern beginnen.

Tipp
- Giftig. Knollen können während der Ruhezeit geteilt werden.

ORCHIDEEN

DIE 12 SCHNELLSTEN ANTWORTEN

ORCHIDEEN

KEINE ANDERE PFLANZENGRUPPE STRAHLT EINE SOLCHE EXOTIK AUS WIE DIE ORCHIDEEN. IHRE EXOTISCHEN BLÜTEN GIBT ES IN UNZÄHLIGEN FARBEN UND FORMEN UND FAST ALLEN FARBEN. VON WEISS ÜBER CREME, GELB, ORANGE UND ROT BIS ROSA, PINK UND VIOLETT, JA SOGAR IN BRAUN UND SCHWARZ GIBT ES ALLE VARIANTEN. NUR REINES BLAU KOMMT BEI ORCHIDEEN, DIE IM ZIMMER GEPFLEGT WERDEN, NICHT VOR.

BESSER ALS IHR RUF

Orchideen haben den Ruf, heikle Pfleglinge zu sein. Das mag für viele exotische Arten gelten, die Sorten, die speziell für die Fensterbank gezüchtet wurden, sind sogar oft noch viel robuster als manche andere Zimmerpflanze. Das liegt daran, dass sie in der Natur häufig extreme Wachstumsbedingungen vorfinden. Viele Arten wachsen als Aufsitzerpflanzen auf Bäumen und Felsen und müssen tage- oder wochenlang ohne Regen auskommen. Dicke, sukkulente Blätter und Wurzeln sind eine Anpassung an Trockenheit.

DAS RICHTIGE GIESSEN IST WICHTIG

Weiches, also kalkarmes Wasser ist der Schlüssel für prächtige Orchideen. Und da sie ein luftiges Substrat brauchen, sickert beim normalen Gießen viel Wasser ungenutzt in den Untersetzer. Besser ist es daher, seine Orchideen zu tauchen. So können sich die Wurzeln mit Wasser und den darin gelösten Nährstoffen vollsaugen. Apropos Dünger: Orchideen sind wahre Überlebenskünstler und können auch aus stark verdünnten Düngerlösungen noch die benötigten Nährstoffe aufnehmen. Auf Überdüngung reagieren sie dagegen mit sofortigem Wachstumsstopp und Wurzeltod. Im Zweifelsfall lieber den Dünger nur halb so stark dosieren wie auf der Packung angegeben.

Standortangaben bei den Porträts ab S. 62: ○ hell, sonnig ◑ halbschattig ● schattig

TAUCHEN & DÜNGEN

WAS
BRAUCHE ICH?

- Eimer zum Tauchen
- Messbecher
- Sprühkanne oder Blumenspritze

WORAUF
MUSS ICH ACHTEN?

- Kein kalkhaltiges, hartes Gießwasser verwenden. Hartes Wasser (Härtegrad 3–4 °dH) entkalken.
- Zum Entkalken nur Entkalker für Zimmerpflanzen verwenden. Kaffee- oder Teefilter sind nicht geeignet!
- Flüssigdünger eher niedriger als angegeben dosieren, niemals zu hoch.
- Nur spezielle Blattdünger verwenden.

Tauchen

- Orchideen wachsen in einem sehr durchlässigen Spezialsubstrat. Beim normalen Gießen fließt viel Wasser ungenutzt durch. Besser ist es, den ganzen Topf alle ein bis zwei Wochen zu tauchen. So können sich Substrat und Wurzeln mit Wasser und Nährstoffen vollsaugen.

Substrat vollsaugen lassen

- Beim Herausheben fließt überschüssiges Wasser ab, Staunässe kann nicht entstehen. Tauchen Sie immer erst, wenn das Substrat schon angetrocknet ist und die Wurzeln weiß schimmern. Am besten ist das in durchsichtigen Töpfen erkennbar. Sind die Wurzeln noch grün, braucht noch nicht gewässert werden.

KOSMOS

SOFORTHELFER

Orchideen sollten nicht mit Düngerlösung gegossen werden, da diese viel zu schnell „an den Wurzeln vorbei" fließt. Besser ist es, den ganzen Topf für 10–15 min in einem Gefäß mit Düngerlösung zu tauchen. So können sich die Wurzeln und das Substrat richtig vollsaugen und es bilden sich auch keine unschönen Salzablagerungen.

Flüssigdünger

- Orchideen sind Überlebenskünstler und können schon geringe Nährstoffmengen aufnehmen. Verdünnen Sie normale Blumendünger, die Hälfte oder ein Viertel der angegebenen Dosierung reicht aus.

Blattdünger

- Orchideen können Nährstoffe nicht nur über die Wurzeln, sondern auch über die Blätter und den Rhizomstock aufnehmen. Blattdünger dürfen keine „unnützen" Stoffe, sondern nur die reinen Nährstoffe beinhalten. Normale Dünger sind nicht geeignet. Am besten die ganze Pflanze tauchen, dann kann überschüssige Düngerlösung abtropfen.

PHALAENOSPIS UMTOPFEN

WAS
BRAUCHE ICH?

- Etwas größeren oder gleichgroßen Topf
- Schere
- Frisches, grobes Orchideensubstrat für *Phalaenopsis*
- Frisches, feines Orchideensubstrat für Venusschuhe

WORAUF
MUSS ICH ACHTEN?

- Erst nach der Blüte umtopfen.
- Nicht im Winter umtopfen.
- Wurzeln möglichst nicht knicken.
- Erst ein paar Tage nach dem Umtopfen angießen.
- Beim Umtopfen von monopodialen Orchideen wird die Pflanze in die Mitte des neuen Topfes gestellt.

Austopfen

- Entfernen Sie zuerst alte, gelbe Blätter. Dann nehmen Sie die Orchidee vorsichtig aus dem Topf und entfernen das alte Substrat.
- Wenn die Wurzeln fest an der Topfwand angewachsen sind, tauchen Sie die Orchidee in Wasser, dann lösen sie sich besser.
- Substratstücke, die fest an den Wurzeln „kleben" nicht entfernen – das beschädigt die Wurzel.

Tote Wurzeln entfernen

- Tote Wurzeln (weich und papierartig, lassen sich leicht mit den Fingern zusammendrücken) mit der Schere abschneiden.
- Lange Wurzeln dabei auf der Unterlage aufstützen. Wenn sie frei herabhängen, brechen sie leicht.

KOSMOS

SOFORTHELFER

Häufig kann man beobachten, dass die Wurzeln einer Orchidee nicht ins Substrat, sondern nach außen, „in die Luft“ wachsen. Diese Luftwurzeln nehmen auch Feuchtigkeit und Nährstoffe auf, sind aber nicht ans „Leben unter der Erde“ angepasst. Sie sollten daher beim Umtopfen nicht ins Substrat gedrückt werden.

Eintopfen und Substrat einfüllen

- Die Orchidee in die Mitte des neuen Topfes stellen und vorsichtig frisches Substrat zwischen die Wurzeln fallen lassen. Gegebenenfalls mit einem Hölzchen oder Finger nachdrücken. Zwischendurch den Topf behutsam aufstoßen, damit sich das Substrat setzt.

Weitere Pflege

- Gießen Sie frisch umgetopfte Orchideen erst ein paar Tage oder eine Woche nach dem Umtopfen an. So haben kleine Wurzelverletzungen Zeit zu verheilen. Mit dem Düngen wird erst begonnen, wenn sich neues Wachstum an den Wurzeln zeigt oder ein neues Blatt erscheint.

CATTLEYA UMTOPFEN

WAS
BRAUCHE ICH?

- Etwas größeren Topf mit Platz für 2–3 Neutriebe
- Schere
- Frisches, grobes Orchideensubstrat für Cattleyen
- Frisches, feines Orchideensubstrat für *Cambria* und *Dendrobium*

WORAUF
MUSS ICH ACHTEN?

- Erst nach der Blüte umtopfen.
- Nicht im Winter umtopfen.
- Wurzeln möglichst nicht knicken.
- Erst ein paar Tage nach dem Umtopfen angießen.
- Beim Umtopfen von sympodialen Orchideen wird die Pflanze so in den neuen Topf gestellt, dass der Neutrieb zur Mitte zeigt und Platz für 2–3 Zuwächse hat.
- Durch behutsames Zusammendrücken lösen sich die Wurzeln besser von der Topfwand.
- Vorheriges Tauchen erleichtert dies zusätzlich.

Austopfen

- Bröseln Sie das alte Substrat vorsichtig aus den Wurzeln heraus, festgewachsene Brocken nicht entfernen.
- Prüfen Sie mit den Fingern, welche Wurzeln fest sind – diese bleiben erhalten. Entfernen Sie tote, weiche Wurzeln mit einer sauberen Schere. Lassen Sie die Wurzeln dabei nicht frei in der Luft baumeln, sie knicken dann leicht und sterben später im Topf ab.

Substrat einfüllen

- Halten Sie die Orchidee mit dem jüngsten Trieb zur Mitte in den Topf und füllen Sie mit der anderen Hand nach und nach das neue Substrat ein.
- Stoßen Sie zwischendurch den Topf leicht auf oder drücken Sie die Substratbrocken leicht an, damit die Orchidee einen festen Halt bekommt.

KOSMOS

SOFORTHELFER

Der neue Topf sollte so groß sein, dass er bei sympodial wachsenden Orchideen mindestens zwei, maximal vier neue Triebe aufnehmen kann. Ist der Topf zu groß, kann sich die Pflanze im Substrat nicht fest verwurzeln und wächst nicht richtig weiter, da sie bei jedem Gießen wackelt und die Wurzelspitzen beschädigt werden.

Genug Platz für neue Triebe

- Der Neutrieb zeigt in die Topfmitte und hat Platz für mindestens zwei Jahreszuwächse.
- Bei Bedarf das Substrat noch mit dem Finger leicht andrücken oder nachstopfen – aber nicht so fest drücken, dass die Wurzeln gequetscht werden.

Weitere Pflege

- Erst nach einer Woche angießen bzw. tauchen. Beim weiteren Tauchen die Pflanze festhalten, damit sie im Topf nicht hin und her wackelt – das führt zu Schäden an den neuen Wurzelspitzen. Gedüngt wird erst wieder, wenn sich ein neuer Trieb zeigt.

VERMEHRUNG

WAS
BRAUCHE ICH?

- Saubere Schere oder scharfes Messer
- Neuseeland-Moos
- Feines Orchideensubstrat
- Durchsichtige Plastiktüte

WORAUF
MUSS ICH ACHTEN?

- Kindel erst abtrennen, wenn sie eigene Wurzeln haben.
- Rückbulben und Teilstücke sollten mindestens 3, besser 4 Triebe/Pseudobulben haben.
- Bei Frauenschuhen sollte jedes Teilstück mindestens 2, besser 3 Blattfächer haben.
- Die beste Zeit zur Vermehrung ist das Frühjahr.

Kindel

- Manche Dendrobien bilden an den Blattachseln kleine Tochterpflanzen, sogenannte Kindel. Bei *Phalaenopis* erscheinen sie an den Blütenständen. Manchmal fallen diese von alleine ab. Ansonsten trennen Sie die kleinen Pflänzchen ab, wenn sie 3–4 eigene Wurzeln gebildet haben und setzen sie in einen separaten Topf.

Rückbulben

- Beim Umtopfen oder Teilen von sympodialen Orchideen können die alten, blattlosen Pseudobulben (verdickten Triebe) am hinteren Ende des Rhizoms abgetrennt und in eine Tüte mit feuchtem Neuseelandmoos gesteckt werden. Nach ein paar Wochen erscheinen ein kleiner Neutrieb und frische Wurzeln, und die Pflanze kann getopft werden.

KOSMOS

SOFORTHELFER

Manchmal erscheinen bei Nachtfalterorchideen aus den Knospen am Blütenstiel keine neuen Blütenstielverzweigungen, sondern kleine Tochterpflanzen. Diese bleiben so lange an der Mutterpflanze, bis sie eine Blattspanne von 10–15 cm und 3–4 eigene Wurzeln gebildet haben. Dann trennt man den Stiel ober- und unterhalb des „Kindels" ab und pflanzt sie separat.

Teilung sympodialer Orchideen

- Wenn sympodiale Orchideen umgetopft werden, können sie in mehrere Teilstücke zerlegt werden. Jedes Teilstück sollte mindestens einen Vordertrieb und 3–4 alte Bulben besitzen. Die Teilstücke werden dann wie Einzelpflanzen in neue Töpfe gesetzt.

Teilung von Venusschuhen

- Bei Frauen- oder Venusschuhen werden die Blattfächer beim Umtopfen getrennt. Dabei sollten pro Teilstück mindestens ein junger Neutrieb und 2–3 ältere Fächer als „Reserve" vorhanden sein.

SPEZIELLE PROBLEME

WAS
BRAUCHE ICH?

- Lupe
- Blumenspritze oder Sprühkanne

WORAUF
MUSS ICH ACHTEN?

- Staunässe vermeiden
- Trockene Luft vermeiden
- Einsatz von Pflanzenschutzmitteln in der Wohnung abwägen. Oft ist eine neue Pflanze günstiger als das Präparat.

Schildläuse

- Schildläuse treten besonders oft im Winter auf den Blattunterseiten auf.
- Abhilfe: Auf keinen Fall abwischen. Unter der harten Schale befindet sich die Laus mit vielen Eiern. Durch das Wischen verteilt man die Eier auf der ganzen Blattoberfläche und sorgt so für eine Verbreitung statt Bekämpfung. Diese Läuse lassen sich mit systemischen (von innen wirkenden) Präparaten bekämpfen.

Sonnenbrand

- Gelbliche, braune oder schwarze Blattverfärbungen sind ein Zeichen für Sonnenbrand durch zu starken Lichteinfall bei hohen Temperaturen.
- Abhilfe: Pflanze an ein anderes Fenster stellen. Mittags leicht beschatten (weißes Papier zwischen Pflanze und Scheibe stellen). Der Schaden ist irreversibel.

KOSMOS

SOFORTHELFER

Knospen werden gelb und trocknen ein oder fallen ab. Meist ist die Ursache Zugluft, kalte Luft oder zu geringe Luftfeuchtigkeit.
Abhilfe: Knospige oder blühende Orchideen so wenig wie möglich umstellen und vor allem von Zugluft (gekippten Fenster!) fernhalten.

Wurzelfäulnis

- Die Pflanze wächst nicht mehr weiter und wackelt im Topf. Das Substrat ist feucht und zeigt sogar Anzeichen von Schimmel.
- Abhilfe: Austopfen, abgestorbene Wurzeln entfernen und frisch eintopfen. Wenn die Pflanze keine Wurzeln mehr hat, in eine Tüte mit feuchtem Neuseelandmoos stecken, bis sich ein Neutrieb zeigt.

Knospenfall

- Klebrige Tropfen an den Knospen oder den Blütenstängeln hinter den Blütenblättern treten besonders oft bei Cymbidien und Phalaenopsen auf. Die Ursache sind Schwankungen von Tag- und Nachttemperatur, die Tropfen sind kein Grund zur Beunruhigung.

DIE SCHÖNSTEN ARTEN & SORTEN

Cambria

(Cambria, Vuylstekeara) ○–◑

Aussehen

- Sympodial wachsende Orchideen-Hybriden mit Pseudobulben und langen, riemenförmigen Blättern. Blüten weiß, gelb, orange, rosa, auch getupft und gestreift.

Pflege

- Keine pralle Sonne, liebt hohe Luftfeuchtigkeit. Alle 2 Jahr in mittelfeines Orchideensubstrat umpflanzen.

Tipp

- Kühle Nachttemperaturen fördern den Blütenansatz, daher von Mai bis Oktober auch im Freien (geschützt) aufstellen.

Cattleye

(Cattleya-Hybriden) ○–◑

Aussehen

- Wuchs sympodial, Pseudobulben mit 1–4 Blättern. Blüten mit auffälliger Lippe, oft süßlich duftend. Blütezeit meist im Frühjahr und im Herbst.

Pflege

- Im Sommer bei Zimmertemperatur, im Winter kühler halten. Hohe Luftfeuchtigkeit ideal. Alle 3 Jahre in grobe Orchideenerde umtopfen. Zur Blütenbildung ist eine Nachtabsenkung um 5–10 °C wichtig.

Tipp

- Beim Umtopfen teilen, mindestens 4 Pseudobulben pro Teilstück.

Nachtfalterorchidee

(Phalaenopsis-Hybriden) ◑

Aussehen

- Monopodiale Orchidee mit grünem oder grün-marmoriertem Laub. Größe je nach Sorte von wenigen Zentimetern bis fast 1 m hoch. Alle Blütenfarben und Formen, außer Blau. Blüht oft ohne Unterbrechung das ganze Jahr.

Pflege

- Gleichmäßig warm halten, alle 2–3 Jahre umtopfen. Ab und zu das Substrat austrocknen lassen, dann wieder tauchen, bis sich die Wurzeln vollgesaugt haben.

Tipp

- Auf Schildläuse achten.

Dendrobie

(Dendrobium-Hybriden) ○–◑

Aussehen

- Sympodial wachsende Orchidee mit vielen Sorten und Formen. Blüte weiß, rosa, gelb, orange oder violett.

Pflege

- Nobile-Typen kühl und feucht, mit deutlicher Ruhezeit nach dem Ausreifen der Triebe. *Phalaenopsis*-Typen (Bild) werden wie Nachtfalterorchideen gepflegt.

Tipp

- Alle 3 Jahre umtopfen. Dabei Kindel abtrennen und separat einpflanzen.

Venusschuh

(Paphiopedilum) ◑

Aussehen

- Blätter in riemenförmigen Fächern, grün oder marmoriert. Blüten an langen Trieben mit typischem „Schuh".

Pflege

- Etwas anspruchsvoller. Keine pralle Sonne, hohe Luftfeuchtigkeit. Nach dem Umtopfen den Topf nicht umstellen, bis die Pflanze fest eingewurzelt ist, da sonst die neuen Wurzeln verletzt werden.

Tipp

- Blütenstand nicht abschneiden, solange er noch grün ist. Oft erscheinen immer wieder neue Knospen.

Vandee

(Vanda-Hybriden) ○

Aussehen

- Monopodiale Orchidee mit weißen, rosa, orangefarbenen, gelben oder bläulichen Blüten an langen Rispen.

Pflege

- Anspruchsvoll, da sie sehr hell bei hoher Luftfeuchtigkeit stehen muss. Am besten in großen Glasvasen ohne Substrat pflegen, im Sommer alle zwei Tage, im Winter einmal wöchentlich mit Wasser auffüllen (nach 10 min wieder abgießen).

Tipp

- Auf Schild- und Wollläuse achten.

BROMELIEN

DIE
10
SCHNELLSTEN
ANTWORTEN

BROMELIEN

DIESE EXOTISCHEN URWALDPFLANZEN KOMMEN IN DER NEUEN WELT VOR, VOM SÜDEN DER USA ÜBER MITTELAMERIKA UND DIE KARIBIK BIS NACH SÜDCHILE. NUR EINE AFRIKANISCHE ART KOMMT IN WESTAFRIKA VOR.

ÜBERLEBENSKÜNSTLER

Fast alle Bromelien leben als Aufsitzerpflanzen (Epiphyten) auf Bäumen oder Felsen und halten sich nur mit den Wurzeln auf der Unterlage fest. Manche Arten besiedeln sogar Telegrafen- und Stromleitungen. Damit sie in diesem unwirtlichen Lebensraum überleben können, haben sie unterschiedliche Strategien entwickelt. Viele Arten bilden trichterförmige Blattrosetten, in deren Mitte sich Regenwasser, Falllaub, Staub und Vogelkot sammeln. Die Pflanze versorgt sich also selbst mit Wasser und Nährstoffen.

Eine noch raffiniertere Anpassung haben die silbrig-grauen Tillandsien entwickelt. Ihre Blätter sind mehr oder weniger vollständig von feinen Schuppen bedeckt, die Feuchtigkeit aus der Luft und Nebel aufnehmen können. Die Wurzeln dienen nur noch der Verankerung auf der Unterlage. Tagsüber schützen die Schuppen die Pflanze vor sengender Sonne und so können diese Gewächse sogar trockene Wüsten besiedeln, in denen es fast nicht regnet, sondern nur nachts Nebel aufkommt.

BESONDERE VERMEHRUNGSMETHODE

Bromelien bilden nach der Blüte an der Basis der Trichterrosetten kleine Tochterpflanzen, die Kindel genannt werden. Nach der Blüte stirbt der alte Trichter ab. Die Kindel können, wenn sie groß genug sind, von der Mutterpflanze abgetrennt und separat eingetopft werden.

Standortangaben bei den Porträts ab S. 72: ○ hell, sonnig ◑ halbschattig ● schattig

GIESSEN & DÜNGEN

WAS

BRAUCHE ICH?

- Entkalktes oder weiches Gießwasser
- Hochwertigen Flüssigdünger für Orchideen

WORAUF

MUSS ICH ACHTEN?

- Substrat nicht zu nass halten.
- Kein kalkhaltiges Wasser in den Trichter gießen.
- Graue Tillandsien regelmäßig sprühen und tauchen.
- Dünger eher zu niedrig als zu hoch konzentrieren.

Gießen in den Trichter

- Bromelien können über die Blatttrichter Feuchtigkeit und Nährstoffe aufnehmen. Daher auch immer etwas (entkalktes) Wasser in die Trichter geben. Wenn sich Kalkränder oder Verkrustungen bilden, ist das ein Zeichen für zu hartes Wasser. Trichter ausschütten und frisches, weiches Wasser einfüllen.

Gießen in den Topfballen

- Bromelien reagieren bei nassem Substrat mit Wurzelfäulnis, da die Wurzeln von Natur aus nicht an ein dauerfeuchtes Substrat gewöhnt sind. Lassen Sie den Ballen vor jedem Gießen oder Tauchen antrocknen. Grobes Orchideensubstrat ist ideal für Bromelien.

Sprühen

- Bei grauen Tillandsien werden gar keine oder nur wenige Wurzeln gebildet, die der Verankerung auf der Unterlage dienen. Sie nehmen alle Feuchtigkeit und Nährstoffe über die Blattschuppen auf. Regelmäßig besprühen und tauchen, dazwischen immer abtrocknen lassen.

Düngung

- Grüne Tillandsien und Trichterbromelien werden von Ende April bis Ende September mit stark verdünnter Düngerlösung (1/8 der empfohlenen Konzentration) gegossen – auf das Substrat und in die Trichter. Graue Tillandsien im selben Zeitraum einmal pro Monat in dieselbe Lösung tauchen.

AUFBINDEN

WAS
BRAUCHE ICH?

- Schere
- Scharfes Messer
- Handschuhe
- Neuen Topf
- Grobes Substrat, z. B. für Orchideen oder Farne
- Zum Aufbinden:
  Rebholz, Korkrinde oder Robinienast
  Nylonstreifen oder Aluminiumdraht
  Moos oder Neuseelandmoos

WORAUF
MUSS ICH ACHTEN?

- Kindel erst abtrennen, wenn sie fast so groß wie die Mutterpflanze sind.
- Bromelien brauchen durchlässige Erde, feines Orchideensubstrat ist besser als Grünpflanzenerde.
- Aufgebundene Tillandsien und Bromelien gedeihen nur bei hoher Luftfeuchtigkeit.

Tillandsien aufbinden

- Graue Tillandsien können ohne Substratunterlage mit einem Aluminiumdraht oder Nylonstreifen (aus einer Strumpfhose) auf Rebholz, Korkrinde oder knorrige Robinienäste gebunden und am Fenster aufgehängt werden. Dazu den Aluminiumdaht zwischen die unteren Blätter fädeln und die Pflanze fest auf das Holz binden.

Trichterbromelien aufbinden

- Trichterbromelien und grüne Tillandsien brauchen mehr Feuchtigkeit. Man topft sie aus, legt die Wurzeln an den Ast und umwickelt das Ganze mit Neuseelandmoos und evtl. einer Schicht grünem Baummoos (ideal vom Stamm alter Buchen aus dem Wald). Mit Draht oder Nylonstreifen fixieren.

BROMELIEN VERMEHRUNG

Kopfstecklinge bei Ananas schneiden

- Nach der Blüte treibt die Spitze des Blütentriebs bei Ananas häufig durch und bildet eine neue Trichterrosette.
- Schneiden Sie den Ableger mit einer scharfen, sauberen Schere unterhalb der kleinsten Blätter ab.
- Der beste Zeitpunkt dazu ist das Frühjahr, ab April.

Steckling eintopfen

- Lassen Sie die Schnittstelle einen Tag antrocknen. Dann stecken Sie den Ableger in einen kleinen Topf mit lockerer Grünpflanzen- oder Aussaaterde.
- Leicht angießen und nicht austrocknen lassen.
- Nach einigen Wochen haben sich Wurzeln gebildet und die Trichterrosette wächst weiter.

KOSMOS

SOFORTHELFER

Viele Bromelien wachsen in der Natur epiphytisch auf Ästen und können auch im Zimmer aufgebunden kultiviert werden. Sie brauchen dann aber eine hohe Luftfeuchtigkeit und müssen regelmäßig getaucht und gesprüht werden. Graue Tillandsien können nur so gepflegt werden, eingetopft faulen sie.

VERMEHRUNG

WAS
BRAUCHE ICH?

- Schere
- Messer
- Kleine Töpfe
- Neuseelandmoos oder Vermehrungserde
- Durchsichtige Plastiktüte

WORAUF
MUSS ICH ACHTEN?

- Kindel nicht zu früh abtrennen.
- Unbewurzelte Kindel wie Stecklinge behandeln.

Kindel abtrennen

- Trennen Sie die Tochterpflanzen, die nach der Blüte an der Basis erscheinen, mit den Fingern ab oder schneiden Sie die Verbindung mit einer Schere oder einem scharfen Messer durch.
- Idealerweise haben die Tochterpflanzen schon ein paar eigene Wurzeln gebildet.

Kindel eintopfen

- Die abgetrennten Kindel werden in eigene kleine Töpfchen gesetzt. Bei höheren Pflanzen ist ein Stab hilfreich, damit der Trieb nicht umfällt oder wackelt. Sehr kleine Kindel können auch wie Orchideenrückbulben in einer Tüte mit feuchtem Neuseelandmoos bewurzelt werden.

BROMELIEN SPEZIELLE PROBLEME

KOSMOS SOFORTHELFER

Nach dem Abblühen sollten die Kindel so lange wie möglich an der Mutterpflanze bleiben und nicht zu früh abgetrennt werden. Sie entwickeln sich so schneller und beginnen eher damit, selbst zu blühen. Zu kleine Tochterpflanzen brauchen manchmal mehrere Jahre, um blühstark zu werden.

Kalkablagerungen

- Kalkhaltiges Wasser oder zu stark dosierter Dünger setzt sich am Rand der Trichterrosetten oder bei grauen Tillandsien auf den unteren Blättern als weiße oder gelbliche Verkrustung ab. Grobe Stücke kann man mit dem Fingernagel vorsichtig entfernen. Vorbeugend immer mit weichem Wasser gießen.

Fäulnis

- Bromelienwurzeln haben zwei Funktionen: Die Verankerung auf dem Untergrund und die Aufnahme von Nährstoffen und Wasser. Sie sind von Natur aus ans Austrocknen angepasst und faulen bei Nässe leicht. Daher immer vor jedem Gießen prüfen, ob die Erde noch nass ist.

DIE SCHÖNSTEN ARTEN & SORTEN

Lanzenrosette

(Aechmea fasciata) ○–◑

Aussehen
- Blätter in breiten Trichterrosetten, mit silbriger Beschuppung. Blütenstand rosa mit kleinen blauen Einzelblüten.

Pflege
- Gleichmäßig warm und hell halten, im Winter nicht unter 18 °C. Sowohl in den Ballen als auch den Blatttrichter gießen. Kein hartes Gießwasser. Kindel nach dem Absterben der Mutterpflanze abtrennen und separat tropfen.

Tipp
- Vorsicht, die Blattränder sind scharf gezähnt.

Zimmerhafer

(Billbergia nutans) ○–◑

Aussehen
- Blätter lang und überhängend, schöne Ampelpflanze. Blüten mit grünen und rosaroten Hochblättern.

Pflege
- Kann im Sommer auch im Freien stehen, verträgt nach Gewöhnung auch pralle Sonne. Im Winter kühler, bei 15 °C.

Tipp
- Nicht zu nass halten, die Wurzeln faulen leicht.

Guzmanie

(Guzmania-Hybriden) ○–◑

Aussehen
- Grüne Bromelie mit glattrandigen, weichen Blättern. Blütenstand weiß, gelb, rosa, rot, orange oder violett. Es gibt Miniatursorten, die nicht größer als 10 cm werden, andere erreichen einen Durchmesser von 1 m und mehr.

Pflege
- Feucht halten, aber nicht zu nass. Nur mit weichem Wasser gießen. Öfter übersprühen.

Tipp
- Bei Staunässe kommt es leicht zu Wurzelfäulnis. Auf Schild- und Wollläuse achten.

Graue Tillandsien

(Tillandsia-Arten) ○

Aussehen

- Silbrig grau beschuppte Bromeliengattung mit unzähligen Formen. Blüten weiß, rosa oder blau, mit auffälligen Hochblättern. Das „Spanische Moos" wächst flechtenartig, ohne Rosettenbildung.

Pflege

- Regelmäßig besprühen und tauchen. Bei Dauernässe faulen die Rosetten. Im Sommer auch (regengeschützt) im Freien.

Tipp

- Auf Wollläuse achten. Kindel abtrennen, wenn sie groß genug sind.

Grüne Tillandsien

(Tillandsia-Arten) ◑

Aussehen

- Vielgestaltige Bromelien mit langen, schmalen oder kurzen, breiten Blättern. Blüten mit auffälligen Hochblättern.

Pflege

- Wie Guzmanien und Vrieseen. Kein kalkhaltiges Gießwasser, keine Staunässe.

Tipp

- Bei Staunässe und zu kaltem Stand faulen die Wurzeln und die Rosette von unten.

Flammendes Schwert

(Vriesea splendens) ◑

Aussehen

- Große Bromelie mit glattrandigen, quergestreiften Blättern und einem roten oder gelben, schwertförmigen Blütenstand.

Pflege

- Gleichmäßig warm, nicht austrocknen lassen. Auch im Trichter sollte immer etwas (kalkfreies) Wasser stehen.

Tipp

- Auf Wollläuse in den Blattachseln und Spinnmilben am Blütenstand achten.

GRÜNPFLANZEN

DIE 15
SCHNELLSTEN ANTWORTEN

GRÜNPFLANZEN

GROSS ODER KLEIN, LANG UND DÜNN ODER DICK UND BREIT. BLATTSCHMUCKPFLANZEN ÜBERRASCHEN IMMER WIEDER MIT IHREN WUNDERBAREN BLATTZEICHNUNGEN UND ABWECHSLUNGSREICHEN WUCHSFORMEN. IM GEGENSATZ ZUR LANDLÄUFIGEN BEZEICHNUNG SIND DIE BLÄTTER NICHT NUR GRÜN, ES GIBT UNZÄHLIGE MUSTERUNGEN MIT SILBRIGEN, ROTEN, PURPURNEN ODER GELBEN ZEICHNUNGEN.

BLATTSCHMUCKPFLANZEN

Königs-Begonie, Buntwurz oder Marante stehen mit ihren attraktiv gemusterten Blättern vielen blühenden Zimmerpflanzen in nichts nach. Aber auch die weniger auffälligen Arten wie Bubikopf und Kanonierblume haben ihren ganz besonderen Charme. Unter den klassischen Grünpflanzen finden sich auch große Pflanzen und Zimmerbäume wie Yucca, Gummibaum, Geigenfeige und Baumfreund. Mit Kletterpflanzen wie Zimmerwein und Wachsblume lassen sich Zimmerspaliere oder Blumenampeln bepflanzen. Egal ob vollsonniges Südfenster oder schattige Nordseite: Für jeden Standort in der Wohnung gibt es die passenden Blattschmuckpflanzen.

FARNE

Farne zeichnen sich meist durch ihre weichen, filigranen Blätter aus. In der Natur wachsen sie im feuchten Unterwuchs großer Wälder oder in schattig-kühlen Schluchten. Dementsprechend sind ihre Ansprüche auf der Fensterbank: Hohe Luftfeuchtigkeit, nicht zu hell, pralle Sonne ist tabu und austrocknen darf die Erde nie.

PALMEN

Für exotisches Flair und Urlaubsstimmung sorgen Palmen mit ihren fächer- oder wedelförmigen Blättern. Da viele Arten in der Natur extremen Witterungsschwankungen ausgesetzt sind, kommen sie mit den Bedingungen im Zimmer optimal zurecht.

Standortangaben bei den Porträts ab S. 86: ○ hell, sonnig ◑ halbschattig ● schattig

GIESSEN & DÜNGEN

WAS
BRAUCHE ICH?

- Gießkanne
- Eimer
- Düngerstäbchen
- Flüssigdünger
- Messbecher

WORAUF
MUSS ICH ACHTEN?

- Erst nach Kontrolle der Erdfeuchtigkeit gießen.
- Tauchen ist bei kleinen Pflanzen besser.
- Dünger nach Angabe auf der Packung dosieren.
- Bei Überdüngung Wurzelballen ausspülen.

Von unten Gießen

- Gießen Sie nicht über die Blätter, sondern immer von unten direkt auf die Blumenerde. Dabei so viel gießen, dass der Ballen gut durchfeuchtet wird, nicht nur einen kleinen „Schluck". Vor dem Gießen mit dem Finger prüfen, ob die Erde noch feucht ist. Wenn dem so ist, warten Sie mit dem Gießen besser noch ein paar Tage.

Tauchen

- Kleinere Grünpflanzen werden besser getaucht. So wird der Ballen gründlich durchfeuchtet, überschüssiges Wasser kann vor dem Zurückstellen in den Übertopf oder auf den Untersetzer abtropfen und es kann sich kein Dünger oder Kalk ansammeln.

KOSMOS
SOFORTHELFER
Im Gegensatz zu Blüten- und Fruchtschmuckpflanzen soll bei Blattschmuckpflanzen das Blatt- und Triebwachstum gefördert werden. Dazu ist eine stickstoffbetonte Düngung mit speziellen Grünpflanzen- oder Palmendüngern am besten geeignet. Wie immer beim Düngen gilt: Viel hilft nicht viel. Halten Sie sich genau an die Dosierungsanleitung.

Düngerstäbchen und -granulat

- Feste Dünger gibt man am besten als Düngerstäbchen. Bei jedem Gießen werden die Nährstoffe freigesetzt und eine Überdüngung ist nur möglich, wenn man zu viele Stäbchen in die Erde steckt.

Flüssigdünger

- Eine gezielte Düngung ist mit Flüssigdünger besser möglich als mit Düngerstäbchen, da Sie genau bestimmen können, wie viel Dünger die Pflanze mit jedem Gießen bekommt. Günstiger als flüssige Dünger sind größere Gebinde mit Dünger in kristalliner Form, die sich genauso leicht dosieren lassen.

UMTOPFEN

WAS
BRAUCHE ICH?

- Neuen, etwas größeren Topf
- Frische Grünpflanzen- oder Palmenerde
- Auch Kübelpflanzenerde ist geeignet.
- Schere
- Gießkanne

WORAUF
MUSS ICH ACHTEN?

- Am besten im Frühjahr umtopfen.
- Pflanzerde nicht zu lange lagern (maximal ein Jahr).
- Sind die Wurzeln im Topf mehrfach im Kreis gewachsen, werden sie mit der Schere abgeschnitten.

Der neue Topf

- Der neue Topf sollte etwas, aber nicht viel größer als der alte sein. Es reicht, wenn zwischen altem Wurzelballen und der Innenwand des neuen Topfes 2–3 cm Erde eingefüllt werden können.

Austopfen

- Durch leichtes Drücken auf die Topfwand wird der Ballen gelockert, sodass er sich leichter herausheben lässt. Die Erde sollte nicht trocken, aber auch nicht klatschnass sein, sonst wird das Umtopfen zur Schlammschlacht.

KOSMOS

SOFORTHELFER

Viele Palmen reagieren sehr empfindlich auf die Störung des Wurzelballens beim Umtopfen. Daher sollten sie sich nach dem Kauf erst einmal für ein paar Wochen oder Monate am neuen Standort akklimatisieren können, bevor sie in frische Erde umgetopft werden. Der beste Zeitpunkt dafür ist das Frühjahr ab Mitte April.

Eintopfen

- Füllen Sie eine Schicht frische Erde in den neuen Topf. Dann wird der Ballen darauf gestellt. Der Zwischenraum zwischen Ballen und Topfwand wird nach und nach mit frischer Erde aufgefüllt, bei großen Töpfen zwischendurch immer wieder andrücken – mit den Fingern oder einem Holzstab.

Andrücken & angießen

- Zum Schluss durchdringend angießen.
- Die Erdoberfläche sollte je nach Topfgröße 1–5 cm unter dem Topfrand liegen, damit ein Gießrand bleibt. So können Sie später gießen, ohne dass das Wasser gleich über den Rand läuft.

RÜCKSCHNITT

WAS
BRAUCHE ICH?

- Gartenschere
- Schere
- Messer
- Zeitungspapier
- Papiertaschentuch

WORAUF
MUSS ICH ACHTEN?

- Geschnitten wird immer knapp oberhalb einer Knospe oder oberhalb eines Blattes.
- Der beste Schnittzeitpunkt ist das Frühjahr.
- Sauberes Werkzeug

Ficus

- Alle Gummibäume haben einen weißen Milchsaft, der Flecken auf Teppich und Parkett hinterlässt. Legen Sie vor dem Schneiden den Boden unter dem Baum mit Zeitungspapier oder Pappe aus.

Milchsaft abtupfen

- Der Milchsaft aus der Schnittstelle wird gestoppt, wenn Sie ein Stück Papiertaschentuch auf die Wunde halten. Erst abnehmen, wenn die Schnittstelle eingetrocknet ist.

KOSMOS

SOFORTHELFER

Viele strauchig wachsende Grünpflanzen werden im Laufe der Zeit immer sparriger und unattraktiv im Wuchs. „Erneuern" Sie ihre Pflanze regelmäßig, indem Sie sie durch Stecklinge vermehren. Diese werden im Frühjahr geschnitten und bewurzeln bis zum Herbst. Die kleinen Jungpflanzen lassen sich viel einfacher überwintern als die dann überalterte Mutterpflanze.

Lange Triebe einkürzen

- Schefflera und Yuccapalmen wachsen stetig in die Höhe und verzweigen sich von alleine kaum.
- Sie können, wenn sie zu groß geworden sind, auf einen Stumpf zurückgeschnitten werden.

Aus eins mach zwei

- Unterhalb der Schnittstelle schwellen schon nach kurzer Zeit die Knospen an und bilden neue Triebe.
- Die abgeschnittenen Kopfstücke können in feuchter Erde bewurzelt werden, nachdem man die Schnittstelle 1 oder 2 Tage antrocknen ließ.

VERMEHRUNG

WAS
BRAUCHE ICH?

- Schere
- Messer
- Kleine Töpfe oder Saatschalen
- Vermehrungserde
- Anzuchtgewächshaus

WORAUF
MUSS ICH ACHTEN?

- Stecklinge nur von schädlingsfreien, gesunden Pflanzen schneiden.
- Kopfstecklinge sollten am unteren Ende leicht verholzt sein.
- Bei der Aussaat von Palmen ist Geduld angesagt. Manche Arten keimen erst nach Monaten.

Kopfstecklinge

- Strauchige Grünpflanzen lassen sich durch Stecklinge vermehren. Dazu werden die geschnittenen Triebspitzen in feuchte Vermehrungserde gesteckt und mit durchsichtiger Plastikfolie oder einer Haube abgedeckt, bis sie Wurzeln gebildet haben.

Blattstecklinge

- Blatt-Begonien und Sansevierien lassen sich durch Blattstecklinge vermehren. Dazu werden Blattabschnitte in feuchten Sand oder feuchte Erde gesteckt und mit einer durchsichtigen Haube abgedeckt, bis sich am Blattrand Wurzeln und eine kleine Tochterpflanze gebildet haben.

KOSMOS

SOFORTHELFER

Grünpflanzen mit dicken Trieben, die sich nur schwer über Stecklinge vermehren lassen, können abgemoost werden. Dazu wird der Stamm eingeschnitten, die Schnittstelle mit feuchtem Moos bedeckt, und mit Plastikfolie eingepackt. Wenn sich Wurzeln gebildet haben, ganz abtrennen und neu eintopfen.

Aussaat

- Säen Sie die Samen wie auf der Samentüte angegeben aus. Dort finden Sie auch alle Informationen über die optimale Keimtemperatur, und wie lange die Samen zur Keimung benötigen. Manche Palmen brauchen mehrere Monate, bis sich die Keimwurzel zeigt – Geduld ist also angesagt.

Tochterpflanzen

- Viele Zimmerpflanzen wie die Grünlilie bilden Ausläufer, an deren Ende Tochterpflanzen wachsen. Diese können, wenn sie groß genug sind, abgetrennt und separat in eigene Töpfe gesetzt werden.
- Wenn die Tochterpflanze noch keine Wurzeln hat, wird sie mit einer Drahtkrampe in einen Topf gedrückt und erst von der Mutterpflanze abgetrennt, wenn sie eigene Wurzeln bekommen hat.

SPEZIELLE PROBLEME

WAS
BRAUCHE ICH?

- Lupe
- Blumenspritze oder Sprühkanne

WORAUF
MUSS ICH ACHTEN?

- Versteckt sitzende Schädlinge
- Trockene Luft, vor allem im Winter
- Staunässe
- Austrocknen

Schild-, Schmier- und Wollläuse

- Diese Schädlinge finden sich am häufigsten auf den Blättern und Trieben, Wollläuse sogar im Wurzelbereich.
- Abhilfe: Nicht abwischen. Mit systemischen (von innen wirkenden) Mitteln bekämpfen oder mit Mineralöl-Präparaten.

Trockene Blattränder

- Eingetrocknete, gelbe oder braune Blattränder sind ein Zeichen von zu trockener Luft und kommen im Winter bei weichblättrigen Grünpflanzen besonders oft vor. Schwarze, weiche Blattspitzen sind ein Zeichen für Überdüngung.
- Abhilfe: Luftfeuchtigkeit erhöhen. Düngung überprüfen.

KOSMOS
SOFORTHELFER

Bevor sie bei einem Schädlings- oder Krankheitsbefall zur Giftspritze greifen, sollten Sie sich überlegen, ob es nicht günstiger ist, die Pflanze durch eine neue zu ersetzen. Oft ist das Spritzmittel teurer als die Pflanze selbst. Und auch wenn die Bekämpfung erfolgreich sein sollte, braucht die Pflanze meist lange, bis sie wieder richtig attraktiv ist.

Weiße Fliege

- Kleine weiße Fliegen auf der Blattunterseite. Blätter fühlen sich klebrig an.
- Abhilfe: Zum Abfangen Gelbtafeln oder -sticker aufhängen oder in die Töpfe stecken. In geschlossenen Blumenfenstern Nützlinge (Schlupfwespen) einsetzen. Stark befallene Pflanzen wegwerfen, da sie eine Ansteckungsquelle für die übrigen darstellen.

Trockenheit

- Wenn Grünpflanzen die Blätter hängen lassen oder die Blätter einen leichten Graustich bekommen, muss gegossen werden. Auch wenn die oberste Erdschicht feucht ist, kann es sein, dass der Ballen selbst trocken ist, wenn immer nur kleine Wassergaben gegossen wurden.
- Abhilfe: Durchdringend gießen oder tauchen, bis keine Blasen mehr aufsteigen.

DIE SCHÖNSTEN ARTEN & SORTEN

Paradiesnessel

(Acalypha wilkesiana) ○

Aussehen

- Auch Nesselblatt oder Kupferblatt genannt, mit großen, gezähnten oder gekräuselten Blättern die rot-grün, gelb-grün oder purpurrot gestreift und gefleckt sind.

Pflege

- Nicht unter 15 °C aufstellen. Im Sommer auch draußen, die Blattfärbung wird dann besonders intensiv. Im Sommer reichlich gießen und düngen, im Winter sparsamer. Im Frühjahr zurückschneiden.

Tipp

- Giftig

Schamblume

(Aeschynanthus marmoratus) ◐–●

Aussehen

- Ampelpflanze mit länglichen, silbrig gefleckten und marmorierten Blättern. Triebe bis 1 m lang.

Pflege

- Auf keine Fall direkte Sonne, warm und luftfeucht aufstellen. Ideale Badpflanze. Im Sommer wenig, im Winter nicht düngen. Regelmäßig sprühen und abduschen.

Tipp

- Nur entkalktes Wasser zum Gießen verwenden.

Kolbenfaden

(Aglaonema commutatum) ○–●

Aussehen

- Blätter länglich, mit silbriger Zeichnung. Bildet mit der Zeit kurze Stämmchen, wird aber nicht höher als 60 cm. Blüte unscheinbar, typisch aronstabartig.

Pflege

- Unkompliziert. Nicht austrocknen lassen, verträgt auch trockene Zimmerluft. Staunässe vermeiden, die Wurzeln faulen leicht.

Tipp

- Auf Spinnmilben und Wollläuse achten. Giftig.

Alokasie

(Alocasia-Sorten) ◑–●

Aussehen

- Blätter pfeilförmig mit gewelltem Rand, dunkelgrün mit heller Äderung, bis 1 m hoch.

Pflege

- Anspruchsvoll, braucht eine hohe Luftfeuchtigkeit und Temperaturen über 20 °C. Nicht austrocknen lassen, im Winterhalbjahr etwas trockener halten. Wenn die Pflanze einzieht, trocken und kühl halten.

Tipp

- Bei trockener Luft Blättverkrüppelungen.

Königs-Begonie

(Begonia-rex-Hybriden) ○–◑

Aussehen

- Blätter herzförmig, gezackt, rund oder spiralig gedreht, in vielen Grüntönen, oft silbrig oder purpurn gezeichnet. Blüten eher unscheinbar, rosa oder weiß. Je nach Art 20–40 cm hoch, manche wachsen auch hängend.

Pflege

- Hohe Luftfeuchtigkeit wichtig, keine pralle Sonne. Mit weichem, temperiertem Wasser gießen, Blätter nicht übersprühen, das gibt Blattflecken.

Tipp

- Bei zu dunklem Standort verblasst die Blattfärbung. Auf Spinnmilben achten.

Korbmaranthe

(Calathea-Arten) ○–◑

Aussehen

- Vielgestaltige Gattung mit dunkelgrünen oder mehrfarbig gezeichneten Blättern. Je nach Form 30–60 cm hoch. Manche Arten blühen attraktiv.

Pflege

- Etwas anspruchsvoller, da sie eine gleichmäßige Wärme, Feuchtigkeit und Luftfeuchtigkeit verlangen. Im Winter nicht düngen.

Tipp

- Triebe mit Blattknotenstück können im Frühjahr bewurzelt werden.

DIE SCHÖNSTEN ARTEN & SORTEN

Grünlilie

(Chlorophytum comosum) ○–◑

Aussehen
- Blätter grasartig, gebogen überhängend oder spiralig verdreht. Meist grün-weiß gestreift, es gibt auch reingrüne Formen.

Pflege
- Anspruchslos, durch die dicken Wurzeln überstehen sie auch völliges Austrocknen. Reingrüne Sorten vertragen auch etwas schattigere Standorte.

Tipp
- Die Tochterpflanzen an den Ausläufern können abgetrennt und eingepflanzt werden.

Zimmerwein

(Cissus-Arten) ○–◑

Aussehen
- Blätter handförmig gefiedert oder herzförmig. Kletterpflanze mit meterlangen Trieben.

Pflege
- Pflegeleicht, kann im Winter etwas kühler stehen. Nicht austrocknen lassen. Bei trockener Luft anfällig für Spinnmilben.

Tipp
- Vermehrung durch Stecklinge einfach.

Kroton

(Codiaeum variegatum) ○

Aussehen
- Zimmerstrauch mit ledrigen Blättern, die gelb, orange, rosa oder pink gezeichnet sind. Je nach Sorte sind die Blätter gelappt geteilt oder schmal lanzettförmig.

Pflege
- Bevorzug eine etwas höhere Luftfeuchtigkeit. Im Frühjahr zurückschneiden, damit die Pflanze kompakt und buschig bleibt.

Tipp
- Auch Wunderstrauch genannt. Auf Schildläuse und Spinnmilben achten.

Kaffeestrauch

(Coffea arabica) ○–◑

Aussehen

- Zimmerstrauch mit glänzend dunkelgrünen Blättern. Alte Pflanzen setzen weiße, stark duftende Blüten an, denen rote Kaffeebeeren folgen.

Pflege

- Anspruchsvoll. Reagiert auf Zugluft und Trockenheit mit Blattfall. Nur mit weichem Wasser gießen. Kann im Frühjahr zurückgeschnitten werden.

Tipp

- Auf Spinnmilben achten. Am besten in Azaleenerde pflanzen.

Keulenlilie

(Cordyline fruticosa) ○–◑

Aussehen

- Aufrechte Blattpflanze mit kurzen Stämmchen und rötlich gestreiften oder geränderten Blättern. Wuchs je nach Sorte schlank-aufrecht (bis 50 cm hoch) oder breit-buschig (bis 30 cm).

Pflege

- Pflegeleicht. Regelmäßig, aber nicht zu oft gießen und düngen. Nur weiches, zimmerwarmes Wasser verwenden. Öfter übersprühen, zu lange Triebe einkürzen.

Tipp

- Bei zu dunklem Standort vergrünen buntlaubige Sorten.

Palmfarn

(Cycas revoluta) ○–◑

Aussehen

- Blätter dunkelgrün, glänzend, an Palmen erinnernd, Stamm braun. Sehr langsam wachsend. Sehr alte Pflanzen über 1 m breit.

Pflege

- Anspruchslos, aber nicht zu oft gießen. Am besten die Kübelpflanzenerde mit Sand mischen. Im Winter nicht düngen. Im Frühjahr langsam an die Sonne gewöhnen, sonst verbrennen die Blätter.

Tipp

- Auf Spinnmilben achten.

DIE SCHÖNSTEN ARTEN & SORTEN

Zypergras

(Cyperus-Arten) ○

Aussehen

- Ziergras mit sternförmigen Blattschöpfen. Je nach Art 40 cm bis 1,50 m hoch.

Pflege

- Braucht sehr viel Wasser, darf nie austrocknen. Im Sommer auch draußen, im Winter nicht unter 15 °C halten. Die Blattschöpfe bewurzeln leicht.

Tipp

- Bei trockener Luft werden die Blattspitzen braun.

Dieffenbachie

(Dieffenbachia seguine) ○–◑

Aussehen

- Blätter grün oder grün-weiß gezeichnet. Stämme gleichmäßig dick. Wird bis 3 m hoch.

Pflege

- Keine direkte Sonne. Bevorzugt höhere Luftfeuchtigkeit, öfter übersprühen. Von Frühling bis Herbst düngen, Blätter gelegentlich abduschen oder mit feuchtem Tuch von Staub befreien.

Tipp

- Pflanzensaft sehr giftig, beim Ausputzen und Umtopfen Latex-Handschuhe tragen.

Drachenbaum

(Dracaena-Arten) ○–◑

Aussehen

- Vielgestaltige Gattung mit dünnen oder dicken Trieben und schmalen oder breiten Blättern, die oft weiß, gelb oder rosa gestreift oder gepunktet sind.

Pflege

- Pflegeleicht, öfter übersprühen, da sie eine höhere Luftfeuchtigkeit bevorzugen. Im Sommer auch im Freien, im Winter nicht unter 18 °C.

Tipp

- Nicht zu dunkel aufstellen, dann vergrünen die Blätter und der Wuchs wird lang und sparrig.

Efeutute

(Epipremnum pinnatum) ○–●

Aussehen

- Kletter- oder Ampelpflanze mit herzförmigen, grünen oder grünweißen Blättern. Triebe bis 3 m lang.

Pflege

- Anspruchslos, aber nicht austrocknen lassen. Öfter übersprühen. An dunklen Standorten vergrünen die Blätter.

Tipp

- Auf Schildläuse achten. Vermehrung einfach, durch Kopfstecklinge.

Gummibaum

(Ficus-Arten) ○–●

Aussehen

- Viele Arten und Formen, Blätter ledrig, glänzend. Je nach Art klein (Benjamini) oder riesig (Geigenfeige). Wuchs strauch- und baumartig, bei manchen Arten auch kletternd oder hängend.

Pflege

- Pflegeleicht, regelmäßig abduschen, großblättrige Arten auch abwischen. Nicht austrocknen lassen. Benjamini wirft bei Zugluft die Blätter ab.

Tipp

- Verträgt Rückschnitt gut. Milchsaftfluss durch Aufdrücken eines Taschentuchs auf die Schnittwunde stoppen.

Efeu

(Hedera helix) ○–●

Aussehen

- Kletter- und Ampelpflanze mit vielen Sorten. Blätter herzförmig oder gezackt, dunkelgrün, bei vielen Sorten mit weißen oder gelben Zeichnungen.

Pflege

- Anspruchslos, wächst fast überall. Bevorzugt eher kühle Temperaturen. Kann im Winter auch kalt bei 5 °C stehen.

Tipp

- Besonders bei trockener Heizungsluft auf Spinnmilben achten.

DIE SCHÖNSTEN ARTEN & SORTEN

Samt-Kalanchoë

(Kalanchoë beharensis) ○–●

Aussehen

- Blätter samtig behaart, groß, spitz zulaufend. Solitärpflanze. Wird bis 1 m hoch.

Pflege

- Verträgt auch direkte Sonne. Bei zu dunklem Stand werden die Triebe lang und weich und knicken um. Im Winter trockener und kühler, aber nicht unter 10 °C halten.

Tipp

- Durchlässige Kakteenerde verwenden. Sparsam gießen und düngen. Zu viel Gießen lässt die Wurzeln faulen.

Pfeilwurz

(Maranta leuconura) ◑

Aussehen

- Aufrecht oder kletternd überhängend wachsende Pflanzen mit grün gemusterten Blättern. Viele Arten haben dunkelviolette Blattunterseiten.

Pflege

- Bevorzugt hohe Luftfeuchtigkeit und einen warmen Standort. Nicht austrocknen lassen. Nur mit temperiertem, weichem Wasser gießen. Öfter besprühen.

Tipp

- Auf Spinnmilben achten.

Fensterblatt

(Monstera deliciosa) ○–◑

Aussehen

- Blätter im Jugendstadium herzförmig, später bis 50 cm breit, geschlitzt und mit typischen „Fenstern". Wuchs aufrecht kletternd.

Pflege

- An Moosstab oder Kletterhilfe ziehen. Öfter besprühen, nicht unter 15 °C halten. Luftwurzeln nicht abschneiden, sondern in die Erde leiten.

Tipp

- Auf Schildläuse achten. Giftig.

Zimmerbanane

(Musa acuminata) ○

Aussehen

- Typische Bananenstaude mit riesigen Blättern, die eine rötliche Mittelrippe haben. Wird bis 3 m hoch. Der „Stamm" wird von den verdickten Blattbasen gebildet.

Pflege

- Verträgt auch volle Sonne. Im Sommer reichlich gießen und düngen. Reagiert auf trockene Luft mit braunen Blatträndern. Im Winter kühler halten.

Tipp

- Auf Spinnmilben und Schildläuse achten.

Glückskastanie

(Pachira aquatica) ○–◑

Aussehen

- Blätter kastanienartig. Der Stamm ist schlank, oft werden mehrere Exemplare mit zusammengeflochtenen Stämmen in einem Topf angeboten.

Pflege

- Pflegeleicht. Nicht zu viel gießen, darf aber nicht austrocknen. Bei trockener Luft fallen die Blätter ab. Im Frühjahr zurückschneiden, damit die Pflanze buschig bleibt.

Tipp

- Kann leicht durch Stecklinge vermehrt werden. Giftig.

Zierpfeffer

(Peperomia-Arten) ○–◑

Aussehen

- Vielgestaltige Gattung mit runden oder herzförmigen, grünen, silbrigen oder roten Blättern.

Pflege

- Liebt Wärme und eine hohe Luftfeuchtigkeit. Nicht austrocknen lassen, aber auch nicht zu nass halten. Vor allem im Winter, wenn es kälter ist, faulen die Wurzeln bei Nässe leicht.

Tipp

- Auf Spinnmilben achten. Vermehrung durch Kopf- und Blattstecklinge möglich.

DIE SCHÖNSTEN ARTEN & SORTEN

Baumfreund

(Philodendron-Arten) ○–◑

Aussehen

- Kletternde oder kompakt wachsende Grünpflanzen mit vielgestaltigen, glänzend dunkelgrünen, bei manchen auch rötlichen Blättern.

Pflege

- Bevorzugt hohe Luftfeuchtigkeit und warmen Standort. Im Winter nicht unter 15 °C halten. Nicht zu nass halten. Blätter regelmäßig abduschen oder mit feuchtem Tuch von Staub befreien.

Tipp

- Auf Schildläuse achten. Giftig.

Kanonierblume

(Pilea-Arten) ○–◑

Aussehen

- Krautige Topfpflanzen, durch den hängenden Wuchs auch schöne Ampelpflanzen. Blätter grün oder silbrig, meist dickfleischig.

Pflege

- Nicht zu warm, aber auch nicht unter 15 °C pflegen. Reagiert auf zu viel Gießen mit Wurzelfäulnis, trotzdem nicht komplett austrocknen lassen.

Tipp

- Vermehrung durch Stecklinge möglich.

Bogenhanf

(Sansevieria trifasciata) ○

Aussehen

- Blätter lanzettlich, graugrün mit grüner Zeichnung und meist gelbem Rand. Je nach Sorte 10–80 cm hoch. Duftende, cremeweiße Blüten im Frühjahr.

Pflege

- Absolut pflegeleicht. Verträgt auch trockene Luft und dunklere Standorte. Am besten in Kakteenerde pflanzen, nicht zu oft gießen.

Tipp

- Vermehrung durch Blattstecklinge möglich. Bei Nässe faulen die Wurzeln.

Strahlenaralie

(Schefflera arboricola) ○–◑

Aussehen

- Schlank aufrechter Zimmerstrauch mit fingerförmig gelappten, dunkelgrünen Blättern. Es gibt auch weiß- oder gelb-panaschierte Sorten. Wird über 2 m hoch.

Pflege

- Pflegleicht. Gelegentlich abduschen und nicht austrocknen lassen. Buntlaubige Sorten wärmer (20 °C) und heller stellen.

Tipp

- Durch regelmäßigen Rückschnitt bleibt der Wuchs kompakt und buschig.

Gefleckte Efeutute

(Scindapsus pictus) ○–◑

Aussehen

- Kletternde Ampelpflanze mit silbrig gezeichneten, herzförmigen Blättern. Triebe meterlang.

Pflege

- Nicht unter 20 °C halten. Liebt hohe Luftfeuchtigkeit, öfter besprühen. Lange Triebe zurückschneiden und im Wasserglas oder feuchtem Sand bewurzeln.

Tipp

- Auf Spinnmilben und Schildläuse achten. Giftig.

Bubiköpfchen

(Soleirolia soleirolii) ○–●

Aussehen

- Krautige Topfpflanze mit winzigen Blättchen. Je nach Sorte gelblich grün, dunkelgrün oder bläulich grün. Höhe maximal 15 cm.

Pflege

- Gleichmäßig feucht halten, nicht austrocknen lassen. Staunässe vermeiden. Regelmäßig mit der Schere stutzen, dann bleibt die Pflanze kompakt.

Tipp

- Idealer Bodendecker für Grundbeete im Wintergarten.

DIE SCHÖNSTEN ARTEN & SORTEN

Buntnessel

(Solenostemon scutellarioides) ○

Aussehen

- Blätter oval, spitz oder gesägt, in allen Farbkombinationen von Grün, Gelb, Rot, Orange, Pink und Violett.

Pflege

- Regelmäßig gießen, darf nicht austrocknen. Kann im Sommer auch im Freien stehen. Im Herbst zurückschneiden und bei 10 °C überwintern oder im Frühjahr neu anziehen.

Tipp

- Wird manchmal unter dem alten botanischen Namen *Coleus* angeboten.

Purpurtute

(Syngonium podophyllum) ○

Aussehen

- Blätter anfangs pfeilförmig, später gelappt, mit weißer Zeichnung. Wächst aufrecht kletternd und braucht ein Topfspalier oder einen Moosstab als Kletterhilfe.

Pflege

- Keine pralle Sonne. Öfter besprühen, liebt hohe Luftfeuchtigkeit und Temperaturen über 20 °C.

Tipp

- Staunässe vermeiden. Giftig.

Dreimasterblume

(Tradescantia-Arten) ○

Aussehen

- Kletter- oder Ampelpflanze mit länglichen, fleischigen Blättern, bei vielen Sorten mit weißer oder silbriger Zeichnung und purpurner Unterseite.

Pflege

- Keine direkte Sonne, nicht austrocknen lassen. Staunässe vermeiden. Im Winter nicht düngen, im Sommer mäßig.

Tipp

- Auf Spinnmilben achten, besonders bei trockener Luft im Winter.

Palmlilie

(Yucca filamentosa) ○–◑

Aussehen
- Blätter schwertförmig, in Blattschöpfen am Triebende, Stamm dunkelbraun.

Pflege
- Pflegeleicht, bei zu dunklem Stand wird der Stamm unnatürlich dünn und lang. Nicht unter 5 °C im Winter. Nach einem Rückschnitt verzweigt sich der Stamm.

Tipp
- Auf Schildläuse achten. Verletzungsgefahr durch die spitzen Blattenden.

Palmfarn

(Zamia furfuracea) ○

Aussehen
- Blätter farnartig gefiedert, aber hart und robust, Stamm knollenförmig.

Pflege
- Pflegeleicht. Regelmäßig wässern, aber nicht übergießen, dann faulen die Wurzeln. Im Frühjahr und Sommer alle vier Wochen düngen.

Tipp
- Auf Spinnmilben achten, vor allem im Winter.

Zamioculcas

(Zamioculcas zamiifolia) ○–◑

Aussehen
- Blätter glänzend dunkelgrün, bis 80 cm lang und gefiedert. Blattbasis verdickt. Bis 1 m hoch.

Pflege
- Pflegeleicht. Verträgt auch trockene Luft und gelegentliches Austrocknen. Empfindlich gegen Staunässe. Je heller desto wüchsiger.

Tipp
- Bei Nässe vergilben die unteren Fiederblätter. Giftig.

DIE SCHÖNSTEN ARTEN & SORTEN

Frauenhaarfarn

(Adiantum raddianum) ◑–●

Aussehen
- Filigraner Farn mit fast dreieckigen Fiederblättern. Wuchs aufrecht buschig, bis 40 cm hoch.

Pflege
- Nur mit weichem Wasser gießen. Nicht in die Sonne stellen. Zum Umtopfen Azaleenerde verwenden und von Frühjahr bis Herbst schwach düngen.

Tipp
- Im Frühling komplett zurückschneiden, treibt in wenigen Wochen neu aus.

Nestfarn

(Asplenium nidus-avis) ◑–●

Aussehen
- Blätter breit, ungeteilt, in trichterförmiger Rosette. Mittelrippe braun. Kann bis 1 m breit und 80 cm hoch werden

Pflege
- Regelmäßig besprühen, warm aufstellen. Bei trockener Luft braune Blattränder. Nur mit entkalktem Wasser gießen.

Tipp
- Regelmäßig abduschen, um Staub von den Blättern zu waschen.

Rippenfarn

(Blechnum gibbum) ○–◑

Aussehen
- Blätter einfach gefiedert, in büscheligen Rosetten. Bildet im Laufe der Zeit einen kurzen Stamm.

Pflege
- Relativ pflegeleicht. Verträgt auch niedrige Temperaturen um 12 °C, dann nicht zu viel gießen, damit die Wurzeln nicht faulen. Weiches Gießwasser und saure Blumenerde wichtig.

Tipp
- Auf Spinnmilben achten.

Schwertfarn

(Nephrolepis-Arten) ○–◑

Aussehen

- Blätter bis 1 m lang, einfach gefiedert und hell- bis mittelgrün. Bildet lange, behaarte Ausläufer, an deren Enden Tochterpflanzen erscheinen.

Pflege

- Pflegeleichter Farn, der mehr Licht verträgt als andere Arten. Häufig übersprühen, nur weiches Wasser gießen.

Tipp

- Bei trockener Luft trocknen die Spitzen der Blätter ein und sie wachsen nicht weiter.

Pellefarn

(Pellaea rotundifolia) ○–◑

Aussehen

- Kleiner Farn mit glänzenden Blättern und rötlichem Austrieb. Wird nur ca. 20 cm hoch.

Pflege

- Verträgt auch etwas trockenere Luft. Nicht austrocknen lassen. Nicht besprühen, dies führt zu Blattflecken.

Tipp

- Blätter werden bei zu dunklem Standort abgeworfen. Auf Spinnmilben achten, besonders im Winter.

Geweihfarn

(Platycerium-Arten) ○–◑

Aussehen

- Bizarr wachsender Farn mit braunen Grundblättern, die einen Humusspeicher bilden und grau bereiften, geweihartigen Blättern.

Pflege

- Ganzjährig bei Zimmertemperatur, am besten in einer Ampel pflegen. Regelmäßig besprühen und abbrausen. Bei trockener Luft verkrüppeln die Blätter.

Tipp

- Auf Schildläuse achten. Beim Gießen muss das Wasser auch in die Nestblätter gelangen.

DIE SCHÖNSTEN ARTEN & SORTEN

Fischschwanzpalme

(Caryota mitis) ○–◑

Aussehen
- Blätter typisch geteilt, erinnern an Fischflossen. Im Zimmer bis 3 m hoch.

Pflege
- Wenn die Luftfeuchtigkeit nicht zu niedrig ist, relativ unkompliziert. Nicht austrocknen lassen. Nur während der Wachstumsperiode düngen.

Tipp
- Auf Schild- und Wollläuse achten.

Bergpalme

(Chamaedorea elegans) ○–◑

Aussehen
- Blätter wedelförmig, glänzend grün, leicht überhängend. Bis 1 m hoch.

Pflege
- Relativ anspruchslos, nicht austrocknen lassen und regelmäßig übersprühen. Im Sommer alle zwei Wochen düngen.

Tipp
- Auf Spinnmilben achten, besonders im Winter.

Goldfruchtpalme

(Chrysalidocarpus lutescens) ○–◑

Aussehen
- Große Zimmerpalme mit gelben Stängeln und überhängenden Wedeln. Bis über 2 m hoch.

Pflege
- Keine direkte Sonne, im Sommer auch im Freien. Nicht unter 15 °C halten. Öfter besprühen, liebt hohe Luftfeuchtigkeit.

Tipp
- Pflanzerde mit hohem Tonanteil verwenden. Auf Schild- und Wollläuse achten.

Kentiapalme

(Howea forsteriana) ○–●

Aussehen

- Elegant überhängende, dunkelgrüne Wedel. Bis 3 m hoch und 2 m breit, aber langsam wachsend.

Pflege

- Einfach. Verträgt auch dunkle Standorte und trockene Heizungsluft relativ gut. Nicht austrocknen lassen. Im Winter nicht düngen.

Tipp

- Auf Schild- und Wollläuse achten.

Livingstonpalme

(Livistona-Arten) ○

Aussehen

- Auffällige Fächerpalme mit hellgrünen Blättern. Bei manchen Arten scharf bedornte Blattstiele. Bis 3 m hoch und breit.

Pflege

- Etwas anspruchsvoller, da sie eine hohe Luftfeuchtigkeit verlangt und im Winter kühler (12–15 °C) stehen sollte. Staunässe lässt die Wurzeln faulen.

Tipp

- Verletzungsgefahr durch die Dornen an den Stielen.

Steckenpalme

(Rhapis-Arten) ○–●

Aussehen

- Fächerpalme mit langen, aufrechten Trieben, daher der Name. Je nach Art mit grob oder fein geschlitzten Blättern. Langsam wachsend, bis 2 m hoch.

Pflege

- Pflegeleicht, verträgt auch trockene Luft und kommt mit wenig Licht aus, dann aber kaum Wachstum. Nicht austrocknen lassen. Nicht zu oft umtopfen.

Tipp

- Auf Spinnmilben achten und im Sommer reichlich gießen und düngen.

KAKTEEN & SUKKULENTEN

DIE 12 SCHNELLSTEN ANTWORTEN

KAKTEEN & SUKKULENTEN

DIESE UNGEWÖHNLICHEN, MANCHMAL SOGAR BIZARR AUSSEHENDEN PFLANZEN HABEN SICH OPTIMAL AN DAS LEBEN IN DEN HEISSEN TROCKENGEBIETEN DER ERDE ANGEPASST. ALS WÜSTENBEWOHNER HABEN SIE IHRE BLÄTTER IN HARTE DORNEN UMGEWANDELT, UM DIE VERDUNSTUNGSOBERFLÄCHE ZU REDUZIEREN, UND IN DICKFLEISCHIGEN TRIEBEN UND BLÄTTERN KÖNNEN WASSER UND NÄHRSTOFFE GESPEICHERT WERDEN. VIELE ARTEN SCHÜTZEN SICH DURCH EINE SILBRIGE BEREIFUNG ODER WOLLIGWEISSE HAARE VOR DER SENGENDEN SONNE.

KAKTEEN

Kakteen bilden eine eigene Pflanzenfamilie, die ursprünglich nur in Nord-, Mittel- und Südamerika verbreitet ist. Heute sind viele Arten auch in anderen tropischen Ländern eingebürgert. Ein besonderes Merkmal neben den zu Dornen umgewandelten Blättern sind die bei vielen Arten riesigen Blüten. Von Weiß über Rosa, Pink und Violett, Gelb, Orange und Rot sind alle Farben des Regenbogens vertreten. Nur reines Blau sucht man vergebens. Der Wuchs ist sehr variabel, es gibt kugel-, walzen-, zylinder- und säulenförmige Arten.

SUKKULENTEN

Alle Pflanzen, deren Blätter oder Triebe fleischig verdickt sind, werden als Sukkulenten bezeichnet. Sie haben sich dadurch an das Leben in Trockengebieten angepasst. Manche Vertreter, wie bestimmte Euphorbien, bilden sogar gar keine Blätter mehr aus und ähneln im Wuchs den nicht verwandten Kakteen.
Von der attraktiven Wuchsform und dem Habitus einmal abgesehen, haben viele Sukkulenten auch ausgesprochen prächtige Blüten.

Standortangaben bei den Porträts ab S. 114: ○ hell, sonnig ◑ halbschattig ● schattig

GIESSEN & DÜNGEN

WAS
BRAUCHE ICH?

- Gießkanne mit schlanker Tülle
- Eimer
- Flüssigdünger
- Messbecher
- Düngerstäbchen

WORAUF
MUSS ICH ACHTEN?

- Nicht zu viel gießen.
- Aber auch nicht zu wenig, ohne Wasser kein Wachstum.
- Nicht während der Ruhephase im Winter gießen.

Gießen

- Kakteen und Sukkulenten sind von Natur aus an Trockenperioden angepasst, was nicht bedeutet, dass sie ohne Wasser auf Dauer überleben können. Sie reagieren aber empfindlich auf zu viel Nässe und müssen daher sehr vorsichtig gegossen werden. Nur Blattkakteen werden wie Grünpflanzen gegossen.

Tauchen

- Um eine gleichmäßige Befeuchtung der Erde zu gewährleisten, können Kakteen und Sukkulenten auch getaucht werden. Überschüssiges Wasser gut abtropfen lassen, damit sich nichts im Untersetzer sammelt.

KOSMOS

SOFORTHELFER

Kakteen und Sukkulenten sind Hungerkünstler und brauchen nur wenig gedüngt zu werden. Hat man zu viel Dünger gegeben, spült man den Wurzelballen mitsamt dem Topf unter fließendem Wasser aus und stellt die Pflanze dann so hell wie möglich auf. Erst wenn das Substrat angetrocknet ist, wird wieder gegossen.

Düngerstäbchen

- Düngerstäbchen eignen sich nur für Blattkakteen wie den Oster- und den Weihnachtskaktus, die ohnehin eher wie Blattpflanzen gepflegt werden. Stecken Sie jedoch immer 1–2 Stäbchen weniger in den Topf als auf der Packung angegeben. So verhindern Sie eine Überdüngung.

Flüssigdünger

- Flüssigdünger lässt sich besser dosieren als fester Dünger, daher ist er zur Nährstoffversorgung von Kakteen und Sukkulenten gut geeignet. Wichtig ist, dass nur während der Wachstumsphase im Frühjahr und Sommer gedüngt wird. Im Herbst und Winter, wenn die Pflanzen trocken stehen, wird auch nicht gedüngt.

UMTOPFEN

WAS
BRAUCHE ICH?

- Kunststoff- oder Tontopf
- Durchlässiges Substrat, am besten selbstgemischt: 1 Teil Sand, 1 Teil Lavagrus, 1 Teil Ton.
- Holzstäbchen oder Pikierstab
- Kakteenzange oder Handschuhe
- Stofflappen

WORAUF
MUSS ICH ACHTEN?

- Der beste Zeitpunkt ist das Frühjahr.
- Die spitzen Dornen, mit denen sich viele Kakteen schützen, können leicht zu unangenehmen Hautverletzungen führen. Schützen Sie sich beim Hantieren mit Handschuhen oder greifen Sie die Pflanzen mit einer Kakteenzange. Arten mit geraden Dornen (ohne Widerhaken) können auch mit einem Lappen umwickelt werden, damit man sie anfassen kann.
- Keine normale Blumenerde verwenden (außer für Blattkakteen).

Austopfen

- Heben Sie die Pflanze vorsichtig aus dem Topf, ohne sie zu stark zu drücken. Damit sie sich leichter löst, kann der Topf leicht auf der Unterlage aufgestoßen oder bei Kunststofftöpfen gedrückt werden.

Eintopfen

- Halten Sie die Pflanze vorsichtig in den neuen Topf und geben Sie das Substrat an den Seiten dazu.

Erde einfüllen und angießen

- Beim Einfüllen der Erde mit einem dünnen Holzstäbchen nachhelfen, wenn es nicht von alleine in alle Wurzelzwischenräume rieselt.
- Zum Schluss gründlich angießen oder tauchen. So werden die Substratpartikel an die Wurzeln geschwemmt. Wenn alles Wasser aus den Abzugslöchern abgelaufen ist, kann die Pflanze in den Übertopf oder Untersetzer gestellt werden.

KOSMOS

SOFORTHELFER

Sogenannte „Spezialerden“ für Kakteen sind nur dann geeignet, wenn sie einen sehr hohen mineralischen Anteil (Ton, Lavagrus, Sand) haben. Erde auf Torfbasis ist nur für Oster- oder Weihnachtskakteen geeignet. Für alle anderen ist es besser, sich das Pflanzsubstrat selbst anzumischen.

ÜBERWINTERUNG

WAS
BRAUCHE ICH?

- Große Untersetzer, z. B. für Balkonkästen
- Minigewächshaus oder Frühbeetkasten

WORAUF
MUSS ICH ACHTEN?

- Ausreichend Licht
- Frische Luft
- Keine Nässe
- Achten Sie im Winter besonders auf Schädlinge. Besonders im Zimmer bei trockener Heizungsluft werden Kakteen und Sukkulenten häufig von Schädlingen, vor allem Wollläusen und Spinnmilben befallen. Diese sind im Winter schwer zu bekämpfen, da man die Pflanzen nicht besprühen sollte und auch nicht mit systemischen Mitteln gießen kann.

Auf der Fensterbank

- Im Zimmer werden Kakteen und Sukkulenten möglichst hell und kühl aufgestellt.
- Wenn Sie im Wohnbereich am Fenster stehen, muss bei Bedarf gegossen werden, vor allem wenn man bemerkt, dass die Blätter und Triebe weicher werden.

KOSMOS

SOFORTHELFER

Im Substrat und den engen Spalten und Ritzen am Kakteenkörper können sich Schädlinge lange verbergen, bevor ein Befall durch schwächelndes Wachstum überhaupt auffällt. Kontrollieren Sie die Pflanzen genau und halten Sie mit einer Lupe Ausschau nach Wollläusen. Sie verstecken sich raffiniert zwischen den Wachshaaren vieler Kakteen.

Im Wintergarten

- Wenn Sie am Haus ein beheizbares Frühbeet haben oder einen frostfreien Wintergarten, können diese zur kalten Überwinterung genutzt werden. Wichtig ist, dass sich im Frühbeet keine Feuchtigkeit sammelt und die Pflanzen absolut trocken stehen müssen. Trockene Kälte ist kein Problem, bei Nässe faulen die Wurzeln sofort.

Im Treppenhaus

- Ein Treppenhaus ist für viele Arten, die im Winter keine Wärme vertragen, ebenfalls ein geeigneter Standort. Die Pflanzen sollten aber keiner Zugluft ausgesetzt sein. Denken Sie auch daran, dass von den dornigen Kakteen oder stacheligen Sukkulenten keine Gefahr beim Vorbeilaufen ausgeht.

VERMEHRUNG

WAS
BRAUCHE ICH?

- Sand
- Feines, mineralisches Substrat
- Kleine Töpfe oder Schalen
- Scharfes Messer
- Latexhandschuhe

WORAUF
MUSS ICH ACHTEN?

- Kakteensamen sind sehr fein und werden leicht zu dicht ausgesät.
- Blatt- und Triebstecklinge bewurzeln in Sand besser als in Aussaaterde.
- Der Milchsaft von Euphorbien ist giftig und kann bei empfindlichen Personen zu Hautreizungen führen. Tragen Sie daher beim Umtopfen, Teilen oder Zurückschneiden größerer Pflanzen auf jeden Fall Einmalhandschuhe aus Latex. Sollte doch Pflanzensaft auf die Haut gelangen, sofort mit viel Wasser abspülen.

Aussaat

- Kakteen werden wie andere Pflanzen ausgesät. Das erste Blattpaar (die Keimblätter) sieht dabei noch gar nicht aus wie ein kleiner Kaktus. Die Aussaaten müssen sehr hell stehen, damit die kleinen Sämlinge kompakt bleiben und nicht „vergeilen".

Triebstecklinge

Säulen- oder strauchförmig wachsende Euphorbien lassen sich durch Triebstecklinge vermehren. Nach dem Schneiden lassen Sie die Schnittstelle 1–2 Tage abtrocknen, dann den Steckling in feuchten Sand stecken. Nach einigen Wochen, wenn sich neue Wurzeln gebildet haben, in separate Töpfchen setzen.

Teilung

- Viele Kakteen bilden seitliche Tochterpflanzen und mit der Zeit kleine „Kolonien". Diese können beim Umtopfen geteilt werden. Trennen sie die Pflanzen vorsichtig mit einem Messer, wenn sie nicht von alleine auseinanderfallen. Die Schnittstelle sollte 1–2 Tage antrocknen, bevor neu getopft wird.

KOSMOS
SOFORTHELFER

Blattkakteen wie Oster- und Weihnachtskaktus, sowie das Dickblatt lassen sich durch Blattstecklinge vermehren. Einfach ein Blatt in feuchten Sand stecken, nicht austrocknen lassen und neu topfen, wenn sich an der Basis eine kleine Pflanze zeigt.

SPEZIELLE PROBLEME

WAS
BRAUCHE ICH?

- Lupe
- Blumenspritze oder Sprühkanne

WORAUF
MUSS ICH ACHTEN?

- Wollläuse verstecken sich gerne zwischen den Dornen und Warzen.
- Bei trockener Zimmerluft treten Spinnmilben besonders oft auf.
- Viele Kakteen vertrocknen buchstäblich, da sie zu wenig gegossen werden. Wenn Ihre Pflanzen nicht wachsen und die Blätter von Blattkakteen wie Osterkaktus oder die Stämme von Euphorbien matt und eingefallen wirken, kann schlicht Wassermangel die Ursache sein.
- Durchdringendes und im Sommer regelmäßiges Gießen gewährleistet eine ausreichende Versorgung mit Feuchtigkeit.
- Im Winter nur sehr vorsichtig gießen.

Woll- und Schmierläuse

- Bei Wärme und trockener Luft fühlen sich Woll- und Schmierläuse besonders wohl und breiten sich rasend schnell aus. Da sie sich in engen Spalten und Ritzen verstecken können, ist eine Bekämpfung schwierig. Am erfolgreichsten ist das Betupfen der Läuse mit einem in Spiritus getränkten Pinsel und eine Behandlung mit einem systemischen, von innen wirkenden Insektizid.

Grauschimmel (Botrytis)

- Bei kühlen Temperaturen in Verbindung mit hoher Luftfeuchtigkeit werden die dicken, weichen Blätter von Sukkulenten wie dieser Kalanchoë von Schimmelpilzen befallen.
- Beim ersten Anzeichen von dunklen Stellen und grauem Pilzrasen die Pflanzen trocken und wärmer stellen.

Verkorkungen

- Vor allem bei älteren Kakteen kommt es am Stamm zu hellbraunen, korkigen Wucherungen. Auch eine zu hohe Luftfeuchtigkeit, zu viel Stickstoff beim Düngen und die Kombination aus Nässe und Kälte kann zu diesen unschönen Symptomen führen.
- Vorsicht ist auch beim Einsatz von Pflanzenschutzsprays geboten, die ebenfalls Verkorkungen auslösen können.

Spinnmilben

- Bei warmer, trockener Luft vermehren sich Spinnmilben schnell. Im Winter im Zimmer daher die Pflanzen gelegentlich mit entkalktem Wasser besprühen. Die Einstichstellen sind anfangs hellgrün, später gelb bis bräunlich. Bei starkem Befall zeigen sich die typischen Gespinste. Dann hilft nur eine Spritzung mit Pflanzenschutzmittel – lassen Sie sich im Gartencenter beraten.

KOSMOS
SOFORTHELFER

Wurzelläuse leben in weißwolligen Gespinsten an den Wurzeln und hemmen durch ihre Saugtätigkeit das Wachstum. Bei starkem Befall können die Wurzeln zurückgeschnitten und die ganze Pflanze in ein systemisches (von innen wirkendes) Insektizid gegen saugende Schädlinge getaucht werden.

DIE SCHÖNSTEN ARTEN & SORTEN

Igelkaktus

(Echinocereus-Hybriden) ○

Aussehen
- Wuchs rundlich, später länglich, verzweigt bis kompakt säulenförmig, je nach Sorte 2–10 cm dick. Blüten weiß, gelb, orange, rosa oder violett.

Pflege
- Warm und sonnig, im Sommer auch draußen. Im Winter kühl, manche vertragen sogar Frost. wenig nässeempfindlich.

Tipp
- Im Sommer im Garten aufstellen.

Höckerkaktus

(Gymnocalycium) ○

Aussehen
- Besteht aus zwei Pflanzen. Der farbige (gelb, weiß, rot, rosa, schwarz, violette) Kopf ist alleine nicht überlebensfähig. Nur grüne Köpfe können Fotosynthese betreiben und brauchen keine Unterlage. Alle anderen werden auf *Hylocereus*-Kaktusstücke gepfropft.

Pflege
- Warm, auch im Freien. Rote Formen im Winter kühler, alle anderen bei mind. 20 °C. Im Sommer regelmäßig gießen, im Winter trockener halten.

Tipp
- Auf Schmier- und Wollläuse achten.

Osterkaktus

(Hatiora gaertneri) ○–◑

Aussehen
- Aufrecht bis leicht überhängend wachsender Blattkaktus. Blüten orange, rosa, rot oder violett, von März bis Juni.

Pflege
- Im Sommer feucht halten, aber zwischen jedem Gießen die Erde antrocknen lassen. Im Winter trockener halten. Nährstoffreiche, humose Blumenerde verwenden.

Tipp
- Wird oft unter dem alten Namen *Rhipsalidocarpus* angeboten. Vermehrung durch Triebstecklinge.

Warzenkaktus

(Mammillaria-Arten) ○

Aussehen

- Kugelig wachsende Gattung mit weißen, gelben, orangefarbenen, roten, rosa oder violetten Blüten.

Pflege

- Im Sommer auch im Freien, im Winter kühler, bei 10 °C. Nicht zu nass halten, aber regelmäßig gießen. Im Winter komplett trocken halten, vor allem bei kaltem Stand.

Tipp

- Bei Billigangeboten sind oft künstliche Blüten zwischen die Warzen gesteckt!

Feigenkaktus

(Opuntia-Arten) ○

Aussehen

- Blattkaktus mit großen, ohrförmigen Segmenten, die sich immer weiter verzweigen. Blüten gelb oder orange, ab Mai bis August.

Pflege

- Warm, im Sommer auch draußen. Kann im Winter kühler, stehen, aber frostfrei, dann völlig trocken halten. Im Sommer alle zwei Wochen gießen.

Tipp

- Vermehrung einfach durch abgetrennte Blattsegmente.

Weihnachtskaktus

(Schlumbergera-Hybriden) ○–◑

Aussehen

- Überhängend wachsender Blattkaktus mit weißen, rosa oder roten Blüten, die von November bis Dezember erscheinen.

Pflege

- Bevorzugt etwas höhere Luftfeuchtigkeit als andere Kakteen, im Sommer auch im Freien, dann besser schattig aufstellen oder hängen. Im September und Oktober vor der Blüte komplett trocken halten, sonst werden keine Knospen angesetzt.

Tipp

- Auf Schmier- und Wollläuse achten.

DIE SCHÖNSTEN ARTEN & SORTEN

Aloe

(Aloe-Arten) ○

Aussehen
- Vielgestaltige Gattung mit sukkulenten, bedornten Blättern, die spiralig oder rosettenförmig wachsen. Blüten gelb, orange oder weiß, in langen, oft verzweigten Rispen.

Pflege
- Im Sommer auch draußen, feucht halten. Im Winter kühler und trockener, bei Temperaturen um 15 °C.

Tipp
- Schmier- und Wollläuse sind vor allem im Winter ein Problem.

Dickblatt

(Crassula) ○

Aussehen
- Kompakte Sukkulente mit oft silbrig bereiften Blättern. Blüten weiß oder gelborange.

Pflege
- Warm, im Sommer auch im Freien. Im Winter kühler und trockener. Ohne kühle Ruhephase werden im Winter keine Blüten angesetzt.

Tipp
- Kopf- und Triebstecklinge bewurzeln leicht in trockenem Sand.

Echeverie

(Echeveria-Arten) ○

Aussehen
- Kompakt wachsend, mit silbrigen, grauen oder auch purpurroten Blattrosetten. Blüten in Rispen, gelb, rot, weiß oder rosa.

Pflege
- Im Sommer warm und sonnig, im Winter hell und kühl, dann auch trockener halten. Bei dunklem Stand bilden sich lange Triebe, die kompakte Form geht verloren.

Tipp
- Bei Nässe faulen die Rosetten leicht, an den Blüten auf Blattläuse achten.

Euphorbie

(Euphorbia-Arten) ○

Aussehen

- Ungeheuer vielgestaltige Gattung mit mehr als 850 sukkulenten Arten. Wuchs kugelig, säulenförmig oder sparrig mit bleistiftdünnen Trieben.

Pflege

- Hell und warm, im Winter kühler. Mindesttemperatur 10 °C. Durchlässiges Substrat wichtig.

Tipp

- Der Milchsaft ist giftig, daher beim Hantieren Latex-Handschuhe tragen.

Lebende Steine

(Lithops-Arten) ○

Aussehen

- Bizarrer Wuchs mit flachem, dickem und walzenförmigem Blattpaar. Im Frühjahr erscheint in der Mitte ein neues Blattpaar, das alte vertrocknet.

Pflege

- Ab April kräftig gießen, aber nicht zwischen die Blätter. Im Winter komplett trocken halten. Staunässe lässt die Wurzeln faulen.

Tipp

- Im Winter sehr fäulnisanfällig bei Nässe.

Fetthenne

(Sedum-Arten) ○

Aussehen

- Gattung mit über 500 sukkulenten Pflanzenarten. Blätter dickfleischig, oft silbrig bereift. Wuchs flach kriechend, überhängend oder aufrecht.

Pflege

- Hell und sonnig, feucht halten. Im Winter kühler stellen, das fördert die Blütenbildung, und nicht gießen. Die Blätter brechen leicht ab, daher nicht zu oft umstellen.

Tipp

- Bei zu viel Nässe faulen die Wurzeln. Vermehrung über Stecklinge.

KARNIVOREN
DIE
36
SCHNELLSTEN
ANTWORTEN

FLEISCHFRESSENDE PFLANZEN

DIESE AUCH INSEKTIVOREN ODER KARNIVOREN GENANNTEN PFLANZEN SIND ABSOLUTE SPEZIALISTEN UND ÜBERLEBENSKÜNSTLER. SIE KOMMEN IN FEUCHTEN HOCHMOOREN, HALBWÜSTEN, IN FELSSPALTEN UND SOGAR UNTER WASSER VOR. AUCH AUFSITZERPFLANZEN (EPIPHYTEN) GIBT ES UNTER IHNEN. IHR VON NATUR KARGES NÄHRSTOFFANGEBOT BESSERN SIE DURCH INSEKTEN AUF, DIE SIE IN ZU RAFFINIERTEN FALLEN UMGEWANDELTEN BLÄTTERN FANGEN.

EINZIGARTIG IM PFLANZENREICH

Die Fallen sind eine geniale Anpassung an die unwirtlichen Bedingungen am Naturstandort. Die Blätter können wie beim Sonnentau mit klebrigen Tentakeln, bei der Venusfliegenfalle zu scharf gezähnten Klappfallen oder bei Schlauch- und Kannenpflanzen zu langen, röhrenförmigen Fallgruben umgewandelt sein. Die Pflanzen sind in der Lage, durch spezielle Verdauungsenzyme die in ihre Fallen geratenen Insekten und Kleinstlebewesen zu verwerten und die Nährstoffe zu nutzen.

BESONDERE ANSPRÜCHE

Karnivoren haben sich in der Natur an Extremstandorte angepasst. Sie wachsen auf äußerst nährstoffarmen, oft sauren Böden und brauchen sehr viel Licht und frische Luft. Wenn man diese Ansprüche beachtet, bilden sie intensiv gefärbte Blätter und schöne Fallen. Ein saures, kalkfreies Substrat, weiches, salzarmes Gießwasser und eine extrem zurückhaltende Düngung sind weitere Voraussetzungen für eine erfolgreiche Kultur. Wenn man jedoch einmal „auf den Geschmack gekommen ist", kann einen bei der Vielzahl an Arten und Formen schnell der Sammelvirus packen...

Standortangaben bei den Porträts ab S. 122: ○ hell, sonnig ◑ halbschattig ● schattig

SPEZIELLE PFLEGE

WAS
BRAUCHE ICH?

- Reinen, ungedüngten und ungekalkten Weißtorf als Substrat
- Glasterrarium
- Große Glasgefäße

WORAUF
MUSS ICH ACHTEN?

- Fleischfressende Pflanzen reagieren sehr empfindlich auf Dünger – vor allem, wenn zu viel gegeben wird.
- Nur mit weichem, entkalktem Wasser gießen.
- Je mehr Licht die Pflanzen bekommen, desto kompakter und kräftiger der Wuchs.
- Nicht zu oft „füttern". Jede Falle kann sich maximal 4–5 mal schließen und wieder öffnen.
- Im Winter etwas trockener halten, aber nie austrocknen lassen.

Auf der Fensterbank

- Wichtig ist ein sehr heller Standort für ein gutes Gedeihen. Süd-, Südwest- oder Südostfenster ohne schattierende Gardinen, Vordächer oder Bäume sind daher ideal.
- Die Luftfeuchtigkeit sollte nicht unter 50 % fallen, was im Winter durchaus zum Problem werden kann. Vor allem warme, trockene Heizungsluft kann zum Eingehen der Pflanzen führen. Die Pflanzen sollten immer feucht gehalten werden, und nie austrocknen. Zum Gießen eignet sich entkalktes, salzarmes Wasser oder Regenwasser am besten. Im Sommer können viele Arten auch auf dem Balkon oder der Terrasse stehen.

KOSMOS

SOFORTHELFER

Direktes Sonnenlicht ist für die optimale Entwicklung vieler Insektivoren wichtig. Stellen Sie Venusfliegenfalle, Fettkraut und Sonnentau ab Anfang/Mitte Mai auf den Balkon (langsam an die direkte Sonne gewöhnen). Die Pflanzen danken es mit intensiver Färbung und kräftigem, kompakten Wuchs.

Im „Terrarium" oder Gläsern

- Um dem Bedürfnis der Karnivoren nach einer höheren Luftfeuchtigkeit Rechnung zu tragen, können sie auch in großen Gläsern oder kleinen Terrarien gepflegt werden. Die Gefäße dürfen nicht geschlossen sein, da sie sich sonst in der Sonne zu stark aufheizen. Da die Pflanzen „zweimal" hinter Glas stehen, ist ein heller Standort besonders wichtig. Wenn sich auf dem Substrat Schimmel bildet, ist die Kultur zu nass und zu dunkel. Alle 2 Jahre muss der Torf ausgetauscht werden.

DIE SCHÖNSTEN ARTEN & SORTEN

Venusfliegenfalle

(Dionaea muscipula) ○

Aussehen
- Zu großen Klappfallen umgeformte Blätter mit grünen oder roten Fallen. Blütenstand bis 50 cm hoch mit weißen Blüten.

Pflege
- Im Sommer nass halten, aber nur kalkfreies Wasser verwenden. Hohe Luftfeuchtigkeit wichtig, sonst vertrocknen die Fallen. Im Winter trockener und kühler stellen.

Tipp
- Bei zu warmer Überwinterung faulen Pflanzen. Auf Trauermücken achten.

Sonnentau

(Drosera aliciae) ○–●

Aussehen
- Blätter löffelförmig mit feinen, klebrigen Drüsenhaaren. Wuchs rosettenförmig. Blüte rosa bis lila, bis 2 cm im Druchmesser.

Pflege
- Anspruchsvoll. Im Sommer nass halten, bei hoher Luftfeuchtigkeit. Nicht besprühen, das schädigt die Tentakeln. Im Winter kühl, etwas trockener und so hell wie möglich aufstellen.

Tipp
- Bei zu wenig Licht bildet sich recht schnell Grauschimmel und die Pflanze geht ein.

Kap-Sonnentau

(Drosera capensis) ○–●

Aussehen
- Blätter lanzettlich mit klebrigen Drüsenhaaren. Wuchs rosettig. Blüte blassviolett, bis 2 cm groß.

Pflege
- Anspruchsvoll. Im Sommer recht nass halten, bei hoher Luftfeuchtigkeit. Nicht besprühen, das schädigt die Klebetropfen an den Tentakeln. Im Winter kühl, etwas trockener und so hell wie möglich aufstellen.

Tipp
- Bei zu dunklem Stand bildet sich schnell Grauschimmel.

Kannenpflanze

(Nepenthes- Hybriden) ○

Aussehen

- Ampelpflanze mit überhängenden Kannen, die an den verlängerten Blattspitzen gebildet werden. Kanneninneres oft marmoriert oder gestreift.

Pflege

- Sehr hell und warm halten. Für gleichmäßig hohe Luftfeuchtigkeit sorgen, sonst vertrocknen die Blattspitzen und es werden keine neuen Kannen gebildet.

Tipp

- Auf Blattläuse und Schildläuse achten.

Fettkraut

(Pinguicula- Hybriden) ○

Aussehen

- Blätter in kompakten Rosetten, mit klebrigen Drüsen übersät. Blüten weiß, rosa oder violett, an Veilchen erinnernd.

Pflege

- Hell und sonnig, im Winter kühler halten. Vorsichtig gießen, da die Blätter Feuchtigkeit speichern. Nicht austrocknen lassen.

Tipp

- Schnecken können ein Problem werden, wenn die Pflanzen im Sommer draußen stehen.

Schlauchpflanze

(Sarracenia-Hybriden) ○

Aussehen

- Fallen trichter- oder schlauchförmig, an der Spitze mit Deckel. Blüten mit schirmartiger, bizarrer Haube.

Pflege

- Im Sommer nass und am besten im Freien halten, im Winter bei 10 °C und trockener, sonst kommt es zu Fäulnis.

Tipp

- Trauermücken und Grauschimmel können bei zu viel Feuchtigkeit im Winter auftreten.

SERVICE

PFLANZENLIEBHABER-VEREINE

Deutsche Bromelien-Gesellschaft e. V. (DBG)
Wiesenstr. 2
04416 Markkleeberg
de.dbg-web.de

Deutsche Orchideen-Gesellschaft e.V. (DOG)
Im Zinnstück 2
65527 Niedernhausen
www.orchidee.de

Gesellschaft für Fleischfressende Pflanzen (GFP)
Rüsbergstraße 8a
58456 Witten
www.carnivoren.org

Deutsche Kakteen-Gesellschaft e.V. (DKG)
Bachstelzenweg 9
91325 Adelsdorf
www.dkg.eu

AMTLICHE PFLANZEN-SCHUTZBERATUNG

BADEN-WÜRTTEMBERG
Landesamt für Pflanzenschutz
Reinsburgstr. 107
70197 Stuttgart
Tel.: 07 11/66 42-400
www.landwirtschaft-mlr.baden-wuerttemberg.de

BAYERN
Bayerische Landesanstalt für Landwirtschaft
Institut für Pflanzenschutz
Lange Point 10
85354 Freising
Tel.: 0 81 61/71-56 51
www.lfl.bayern.de/ips

BERLIN
Pflanzenschutzamt Berlin
Mohriner Allee 137
12347 Berlin
Tel.: 0 30/70 00 06-0
www.stadtentwicklung.berlin.de/pflanzenschutz

BRANDENBURG
Landesamt für Ländliche Entwicklung, Landwirtschaft und Flurneuordnung
Pflanzenschutzdienst
Müllroser Chaussee 54
15236 Frankfurt (Oder)
Tel.: 03 35/5 60-21 01
www.mil.brandenburg.de

BREMEN
Lebensmittelüberwachungs-, Tierschutz und Veterinärdienst des Landes Bremen
Pflanzenschutzdienst
Lötzener Straße 3
28207 Bremen
Tel.: 04 21/3 61-8 92 04
www.lmtvet.bremen.de

HAMBURG
Pflanzenschutzdienst Hamburg
Brennerhof 123
22113 Hamburg
Tel.: 0 40/4 28 41-52 20
www.pflanzenschutz.hamburg.de

Hessen
Regierungspräsidium Gießen
Dezernat 51.4 – Pflanzenschutzdienst
Schanzenfeldstraße 8
35578 Wetzlar
Tel.: 06 41/3 03-52 27
www.pflanzenschutzdienst.rp-giessen.de

MECKLENBURG-VORPOMMERN
Landesamt für Landwirtschaft, Lebensmittelsicherheit und Fischerei Mecklenburg-Vorpommern
Pflanzenschutzdienst
Graf-Lippe-Straße 1
18059 Rostock
Tel.: 03 81/40 35-0
www.lallf.de

NIEDERSACHSEN
Landwirtschaftskammer Niedersachsen Pflanzenschutzamt, Standort Hannover
Wunstorfer Landstraße 9
30453 Hannover
Tel.: 05 11/40 05-0
www.lwk-niedersachsen.de

Landwirtschaftskammer Niedersachsen Pflanzenschutzamt, Standort Oldenburg
Sedanstraße 4
26121 Oldenburg
Tel.: 04 41/8 01-0
www.lwk-niedersachsen.de

NORDRHEIN-WESTFALEN
Landwirtschaftskammer Nordrhein-Westfalen
Pflanzenschutzdienst
Siebengebirgsstraße 200
53229 Bonn-Roleber
Tel.: 02 28/7 03-21 01
www.pflanzenschutzdienst.de

Dienststelle Münster:
Nevinghoff 40
48147 Münster
Tel.: 02 51/23 76-0

RHEINLAND-PFALZ
Dienstleistungszentrum Ländlicher Raum Rheinpfalz
Breitenweg 71
67435 Neustadt/W
Tel.: 0 63 21/6 71-0

SAARLAND
Landwirtschaftskammer für das Saarland
Pflanzenschutzdienst
Dillinger Straße 67
66822 Lebach
Tel.: 0 68 81/9 28-0
www.lwk-saarland.de

SACHSEN
Sächsisches Landesamt für Umwelt, Landwirtschaft und Geologie; Abteilung Pflanzliche Erzeugung, Referat Pflanzenschutz
Stübelallee 2
01307 Dresden
Tel.: 03 51/4 40 83-0
www.smul.sachsen.de

SACHSEN-ANHALT
Landespflanzenschutzamt
Lerchenwuhne 125
39128 Magdeburg
Tel.: 03 91/25 69-450
www.llg-lsa.de

SCHLESWIG-HOLSTEIN
Pflanzenschutzamt/
Landwirtschaftskammer
Am Kamp 15–17
24768 Rendsburg
Tel.: 0 43 31/94 53-0
www.lksh.de/
pflanzenschutzdienst

THÜRINGEN
Thüringer Ministerium für Landwirtschaft, Naturschutz und Umwelt
Abteilung Landwirtschaft
Beethovenstr. 3
99096 Erfurt
Tel.: 03 61/5 50 68 - 0
www.thueringen.de/th8/tmlfun

REGISTER

IMPRESSUM

mit 243 Fotos von Kristijan Matic, Stuttgart (96) sowie:
Blumenbüro Holland (3): 86 re, 92 re, 94 re
Thomas Carow, Münnerstadt (2): 120, 121
Floradania (63): 12 li, 12 re, 13 li, 13 re, 29 re, 42 li, 42 Mi, 42 re, 43 li, 43 Mi, 43 re, 44Mi, 45 Mi, 45 re, 46 li, 47 li, 47 Mi, 48 li, 48 Mi, 49 li, 49 Mi, 49 re, 86 li, 86 Mi, 87 Mi, 87 re, 88 Mi, 88 re, 89 li, 89 Mi, 89 re, 90 li, 90 Mi, 90 re, 91 li, 91 Mi, 91 re, 91 re, 92 Mi, 93 li, 93 Mi, 93 re, 94 li, 94 Mi, 95 li, 95 Mi, 95 re, 96 li, 96 Mi, 96 re, 97 re, 98 li, 98 Mi, 98 re, 99 li, 99 Mi, 99 re, 122 li, 122 Mi, 122 re, 123 li, 123 Mi, 123 re
Flora Press (3): 28, /Royal Horticultural Society 117 Mi, /Visions 100 li. GAP Photos (3): /Jonathan Buckley 39 re, /Paul Debois 39 li, 82 re. Gartenschatz/Dr. Folko Kullmann (2): 27 re, 41 re.
Ewald Kleiner, Radolfzell (2): 112 re, 113 li
Shutterstock (38): 1, 2 li, 2 Mi, 2 re, 3 li, 3 Mi li, 3 Mi re, 3 re, 30, 46 re, 48 re, 5, 50, 62 li, 62 Mi, 62 re, 63 li, 63 Mi, 63 re, 64, 73 li, 73 Mi, 74, 85 li, 102, 108, 114 li, 114 Mi, 114 re, 115 li, 115 Mi, 115 re, 116 li, 116 Mi, 116 re, 117 li, 117 re, 118,
Martin Staffler, Stuttgart (6): 58 li, 58 re, 59 li, 59 re, 60 re, 61 li, 61 re
Friedrich Strauß, Au/Hallertau (21): 22, 29 li, 38 li, 38 re, 44 li, 44 re, 45 li, 46 Mi, 47 re, 72 Mi, 87 li, 92 li, 97 li, 97 Mi, 100 Mi, 100 re, 101 li, 101 Mi, 101 re, 109, 113 re
Andreas Vietmeier, Münster (4): 40 li, 40 re, 41 li, 84 li

Umschlaggestaltung von
Gramisci Editorialdesign, München
unter Verwendung von zwei Fotos von Kristijan Matic (vorne) und shutterstock (hinten)

mit 243 Abbildungen

Alle Angaben in diesem Buch sind sorgfältig geprüft und geben den neuesten Wissensstand bei der Veröffentlichung wieder. Da sich das Wissen aber laufend in rascher Folge weiterentwickelt und vergrößert, muss jeder Anwender prüfen, ob die Angaben nicht durch neuere Erkenntnisse überholt sind. Dazu muss er zum Beispiel Beipackzettel zu Dünge-, Pflanzenschutz- bzw. Pflanzenpflegemitteln lesen und genau befolgen sowie Gebrauchsanweisungen und Gesetze beachten.

Unser gesamtes lieferbares Programm und viele weitere Informationen zu unseren Büchern, Spielen, Experimentierkästen, DVDs, Autoren und Aktivitäten finden Sie unter kosmos.de
Gedruckt auf chlorfrei gebleichtem Papier

FSC www.fsc.org
MIX
Papier aus verantwortungsvollen Quellen
FSC® C084279

ISBN 978-3-440-13610-2
Projektleitung:
Kullmann & Partner GbR, Stuttgart
Lektorat: Katrin Friedrichs
Konzeptionelle Entwicklung:
Kullmann & Partner GbR, Marc Strittmatter
Gestaltungskonzept:
Gramisci Editorialdesign, München
Gestaltung und Satz: Kristijan Matic/
Kullmann & Partner GbR, Stuttgart
Produktion: Jürgen Bischoff
Printed in Slovenia / Imprimé en Slovenie

DER AUTOR

Dr. Folko Kullmann hat in Weihenstephan Gartenbauwissenschaften studiert und an der Technischen Universität München promoviert. Nach einem Volontariat im Gartenlektorat des Kosmos Verlags in Stuttgart hat er sich selbstständig gemacht und ist mit seinem Partner Inhaber eines auf Gartenthemen spezialisierten Redaktionsbüros in Stuttgart.